Martin Schanz

Sammlung ausgewählter Dialoge Platos

Mit deutschem Kommentar

Martin Schanz

Sammlung ausgewählter Dialoge Platos
Mit deutschem Kommentar

ISBN/EAN: 9783744607049

Hergestellt in Europa, USA, Kanada, Australien, Japan

Cover: Foto ©Thomas Meinert / pixelio.de

Weitere Bücher finden Sie auf **www.hansebooks.com**

Sammlung

ausgewählter Dialoge Platos

mit

deutschem Kommentar

veranstaltet

von

Prof. M. Schanz.

Erstes Bändchen.

Euthyphro.

Leipzig

Verlag von Bernhard Tauchnitz.

1887.

Vorrede.

Der vor einigen Jahren an mich ergangenen Einladung meines geehrten Herrn Verlegers, eine Sammlung der gelesensten platonischen Dialoge mit deutschem Kommentar zu veranstalten, konnte ich, obwohl mit anderen Arbeiten überhäuft, nicht wohl ausweichen; denn es ergab sich dadurch eine Gelegenheit, Dialogen, die bereits vor längerer Zeit erschienen sind, die späteren Früchte meiner Studien zukommen zu lassen. Es wurde deshalb sogar das Projekt dahin erweitert, dass beschlossen wurde, zugleich mit jedem kommentierten Dialog eine kritische Handausgabe desselben erscheinen zu lassen[1]. Man wollte dadurch zugleich dem oft empfundenen Missstand begegnen, dass gerade die am häufigsten gelesenen Dialoge fast sämtlich in der grossen kritischen Ausgabe mit anderen verbunden und nicht einzeln verkäuflich sind, sonach deren Benutzung in Schulen, bei Vorlesungen und Seminarübungen erschwert ist. Dieser Benutzung dürfte jetzt umsoweniger etwas im Wege stehen, da der Herr Verleger für die kritischen Handausgaben einen ungemein niedrigen Preis normieren wird. Es ist selbstverständlich und bereits oben an-

---

[1] Freilich dürfte dieser Plan zwecklos sein, wenn der Professor der tschechischen Hochschule in Prag Král fortfahren wird, in der Weise meine Ausgaben auszubeuten, wie er es in seinem Protagoras (Leipzig Freytag) gethan hat. Ich würde darüber kein Wort gesagt haben, wenn Král die in allen wesentlichen Punkten offenkundig vorliegende Abhängigkeit von meiner Ausgabe auch nur mit einer Silbe in seinem Protagoras angedeutet hätte. Allein er hat dies nicht nur nicht gethan, sondern sogar, wo er nur konnte, dies Abhängigkeitsverhältnis verschleiert, ja sogar Resultate meiner Forschungen wissentlich für die seinigen ausgegeben. Auch Kroschels Ausgabe des Protagoras ruht auf der meinigen; ich habe mich aber über diese Benutzung gefreut; denn Kroschel hat meine Arbeit als ehrlicher Mann benutzt. Und so werde ich mich auch in Zukunft über jede ehrliche Verwertung meiner Arbeiten, über jede ehrliche Mitarbeiterschaft aufs innigste freuen. Dass Herr Král in einer Schrift, die er im Selbstverlag erscheinen liess, und durch die er sein ganzes Wesen offen darlegt, mir seinen Dank in Form von Schmähungen abstattet, nimmt mich von ihm nicht wunder. Verwunderlicher ist dagegen, dass der Herr Professor Král in wahrhaft rührender Einfalt dort Dinge bekämpft, die er in seinem Protagoras zum Ausdruck gebracht, d. h. abgeschrieben hat, ohne deren Tragweite zu erkennen, und so in höchst ergötzlicher Weise an sich selbst die Exekution vornimmt.

gedeutet, dass diese kritischen Handausgaben dem neuesten Standpunkt der Kritik angepasst werden; was seit dem Erscheinen der Dialoge in der grossen kritischen Ausgabe von mir und anderen Neues gefunden, wird seine Verwertung finden. Die kommentierte Ausgabe wird denselben Text darbieten wie die kritische Handausgabe, infolgedessen war es unnötig, der kommentierten Ausgabe einen sogenannten kritischen Anhang beizugeben. Über die Beschaffenheit des Kommentars dürften folgende Bemerkungen am Platze sein:

Der Kommentar macht bezüglich des Lesers keine grossen Voraussetzungen; er zieht daher auch elementare Dinge in seinen Bereich. Es war dies schon deshalb notwendig, damit der Kommentar auch für Unterrichtszwecke sich brauchbar erweise. Allein diese Rücksicht durfte nicht in jenen jetzt so vielfach üblichen engherzigen Standpunkt übergehen, nur das zu geben, was das allernächste Bedürfnis der Schule erfordert. Selbst eine Ausgabe, die sich ausdrücklich als Schulausgabe hinstellt, soll, wie Krüger richtig bemerkt, keine Schülerausgabe sein. Ich steckte mir also ein höheres Ziel; mein Bestreben war dahin gerichtet, in dem Kommentar auch Dinge zu geben, welche selbst den Gelehrten interessieren können. Ich habe daher in demselben alle wichtigen kritischen Schwierigkeiten behandelt, Probleme der Grammatik öfters genauer angedeutet, Eigentümlichkeiten des platonischen Stils ausführlich und nicht selten abschliessend behandelt. Auch der Komposition und dem Gedankenzusammenhang wurde alle erforderliche Aufmerksamkeit zugewendet. Meine Quellen habe ich — hierin von der jetzt üblich gewordenen Manier abweichend —, wo es irgendwie erforderlich war, gewissenhaft citiert.

Zum Schluss ist es mir eine angenehme Pflicht, den Herren Professoren v. Wilamowitz, Zingerle und Iw. Müller, und ganz besonders meinem lieben Freunde J. Baumann für nützliche Beiträge und Winke meinen innigsten Dank auszusprechen.

Würzburg, den 15. Juli 1887.

M. Schanz.

Einleitung.

§ 1 Die Personen des Dialogs.

Die Personen, welche in diesem Dialog auftreten, sind Sokrates und Euthyphro. Bloss über den letzteren sind nähere Angaben notwendig. Was wir über Euthyphro wissen, stammt alles aus Plato, und zwar aus den zwei Dialogen Euthyphro und Cratylus. Allein die Benutzung dieser Dialoge ist nicht ohne Schwierigkeit, da sie ja nicht historische Werke sind, und Wirklichkeit und Dichtung hier miteinander verbunden erscheinen. Als Thatsachen werden wir aber folgende Notizen anzusehen haben:

1) Euthyphro gehörte dem Demos Prospalta, also der Phyle Akamantis an (Cratyl. 396 d).
2) Er befand sich mit seinem Vater auf einer Kleruchie in Naxos (Euthyphro 4 c). Dieser Aufenthalt kann nur in die Zeit von 473—404 fallen[1].
3) Er brachte gegen seinen Vater eine sehr merkwürdige Klage wegen Totschlags ein (Euthyphro l. c.). Dies für eine Dichtung zu halten, sind wir durch nichts berechtigt.
4) Er wird μάντις genannt (Euthyphro 3 e) und als ein Mann geschildert, der sich eingehend mit religiösen Dingen abgab.
5) Er muss sich nach mehrfachen Andeutungen des Dialogs Cratylus auch mit sprachlichen Dingen, besonders mit Wortetymologieen beschäftigt haben.

Das Bild, das uns Sokrates von ihm in den beiden Dialogen giebt, ist das eines wunderlichen Menschen. Im Euthyphro (3 b) wird berichtet, dass er mit seinen Prophezeiungen in der Volksversammlung ausgelacht wurde; im Cratylus (396 d) erzählt Sokrates, dass Euthyphro ihm enthusiastisch die Ohren mit seiner wunderlichen Weisheit gefüllt habe. In beiden Dialogen wird der Mann ironisch behandelt. Im Cratylus spottet Plato mehrfach (399 a 407 d 409 d) über sein Etymologisieren, im Euthyphro tritt er aus religiösen Motiven gegen seinen Vater in einer sehr bedenklichen Sache als Kläger auf und muss sich den Nachweis gefallen lassen, dass er nicht einmal weiss, was das Fromme ist. Auch wird nicht ohne Ironie erzählt, dass Euthyphro, der auf sein religiöses Wissen stolz ist (5 a), die Fabeln über den Krieg der Götter untereinander glaubt.

[1] Ich teile die Vermutung Böckhs Staatsh. I² 540 a, dass schon nach der von Thuk. I 98 berichteten Unterwerfung von Naxos Kleruchen dahin geschickt wurden.

§ 2 Gedankengang des Dialogs.

Euthyphro und Sokrates begegnen sich in der Nähe des Amtslokals des *ἄρχων βασιλεύς*, bei dem die Klagen wegen *ἀσέβεια*, Mord, Totschlag und dergleichen anzubringen waren. Auf die Frage Euthyphros, ob den Sokrates auch eine Klage hieher führe, erzählt Sokrates, dass eine Klage des Meletos wegen Verderbung der Jugend und der Einführung neuer Götter gegen ihn anhängig sei. Alsdann fragt auch Sokrates nach dem Prozess des Euthyphro und vernimmt nun folgenden eigengearteten Rechtsfall:

Der Vater des Euthyphro war Kolonist (Kleruchos) auf Naxos. Ein Taglöhner, der bei dem Vater des Euthyphro arbeitete, kommt in der Trunkenheit mit einem Sklaven der Familie in Zwist und tötet ihn, der Vater Euthyphros lässt den Taglöhner an Händen und Füssen fesseln und in eine Grube werfen; zugleich schickt er zum Rechtsweiser (Exegeten) nach Athen, um Verhaltungsmassregeln einzuholen. Ehe aber der Bote zurückkam, war der Totschläger, da sich Euthyphros Vater nicht weiter um ihn gekümmert hatte, ums Leben gekommen.

Euthyphro erhebt nun gegen seinen Vater wegen dieser Vernachlässigung, dem der Taglöhner zum Opfer fiel, Klage. Die Angehörigen Euthyphros sind über dieses sein Vorgehen sehr erbittert; auch Sokrates fragt erstaunt, ob denn Euthyphro nicht in seiner Klage vielmehr eine gottlose Handlung erblicke. Damit ist die Anknüpfung zur Erörterung des Begriffs der Frömmigkeit gegeben. Auf die Frage des Sokrates, was das Fromme sei, giebt Euthyphro die Antwort: Fromm sei das, was er jetzt thue, nämlich den Unrechtthuenden, sei es wer es wolle, anzuklagen, während die Unterlassung etwas Unfrommes sei. Sokrates macht den Euthyphro auf das Mangelhafte dieser Definition aufmerksam; er wolle nicht eine einzelne fromme Handlung, sondern das Fromme überhaupt. Euthyphro definiert jetzt das Fromme als das, was den Göttern lieb ist, das Unfromme als das Gegenteil. Sokrates wendet nun ein, dass, da im Vorausgehenden Euthyphro zugegeben habe, dass unter den Göttern Streit sei, und da dieser Streit sich nur auf ethische Dinge beziehen könne, die Definition nicht aufrecht zu halten sei; denn die einen Götter lieben das, die andern jenes, wie auch in ihrem Hasse die Götter verschieden sind. Die Definition muss daher, um brauchbar zu erscheinen, so korrigiert werden, dass die Bestimmung „alle Götter" in die Definition aufgenommen wird. Allein auch in dieser Gestalt leistet die Definition nicht das, was sie leisten soll; wir erfahren durch sie nichts über das Wesen der Frömmigkeit, sondern nur eine Folge derselben, es ist also Grund und Folge, Substanz und Accidens in der Definition nicht auseinander gehalten, das Fromme wird von den Göttern geliebt, eben weil es fromm ist, aber nicht ist es fromm, weil es von den Göttern geliebt wird.

Nach einem Intermezzo über die Methode des Sokrates wird eine neue Definition versucht. Sokrates schlägt vor, das Fromme als einen Teil des rechten (sittlichen) Verhaltens (τοῦ δικαίου) anzusehen. Nach einer formalen Betrachtung über höheren und niederen, weiteren und engeren Begriff wird die Frömmigkeit also bestimmt: Die Frömmigkeit ist der Teil des rechten (sittlichen) Handelns, welcher sich auf die Sorge (θεραπεία) für die Götter bezieht, während sich der noch übrige Teil auf die Sorge für die Menschen bezieht. Allein da die Sorge voraussetzt, dass das Wohl und der Nutzen dessen, welcher der Sorge teilhaftig wird, erzielt wird, eine solche Annahme aber bei den Göttern nicht zulässig erscheint, so wird in der Definition statt des vieldeutigen Ausdrucks θεραπεία der Ausdruck ὑπηρετική, Dienst, gesetzt. Als nun erörtert werden soll, was dieser Dienst bezweckt, was die Götter mit unserer Dienstleistung erreichen wollen, weicht Euthyphro aus und leitet eine neue Definition ein, nämlich „die Frömmigkeit ist die Kenntnis des Opferns und Betens." Mit dem Opfer geben wir aber etwas an die Götter hin, durch das Gebet wollen wir etwas von ihnen erlangen. Allein wir geben mit dem Opfer an die Götter etwas, was sie nicht brauchen, sondern nur ein Ehrengeschenk, wir spenden ihnen daher nur etwas Wohlgefälliges. Damit ist aber die Definition wieder in die Bahnen der zweiten Definition zurückgeleitet, wonach das Fromme das Gottgefällige ist.

Als nun neuerdings die Definition des Frommen versucht werden soll, erklärt Euthyphro, fortgehen zu müssen. Sokrates giebt darüber seiner Verwunderung Ausdruck, damit schliesst der Dialog ab.

§ 3 Gliederung des Dialogs.

Nachdem wir den Gedankengang des Dialogs gegeben haben, schreiten wir dazu, darzulegen, wie Plato den Dialog gegliedert hat, d. h. welche Teile er hervortreten lassen wollte. Der Dialog giebt zuerst eine Einleitung, welche von 2a — 5d reicht und den Anlass zur Erörterung des Begriffs „Frömmigkeit" darbietet, es folgt dann der Kern des Dialogs (5d — 15c), nämlich die Aufstellung verschiedener Definitionen der Frömmigkeit und Prüfung derselben, endlich der kurze Schluss des Dialogs, in dem Euthyphro der weiteren Erörterung des Gegenstandes aus dem Wege geht, und Sokrates darüber seine Verwunderung ausspricht. Es liegen also drei Hauptteile des Dialogs klar und deutlich vor. Es fragt sich nun, ob auch die Hauptmasse des Dialogs, d. h. der zweite Teil gegliedert ist. Die Frage ist zu bejahen, denn die Definitionen werden durch ein Intermezzo (11 b — 11 e) klar und deutlich in zwei Gruppen geschieden. Mit dieser äusserlichen Zweiteilung steht auch im Einklang das verschiedene Verhalten der beiden Unterredner Euthyphro und Sokrates zu den Definitionen. Während nämlich die Definitionen der ersten Gruppe von Euthyphro selbständig aufgestellt werden, kommen die der zweiten Gruppe nur unter Leitung und Mitwirkung des Sokrates zu stande. Diese veränderte Stellung der Unterredner wird klar durch die Worte des Sokrates angedeutet, mit denen er die zweite Gruppe der Definitionen einleitet (11 e): αὐτός σοι ξυμπροθυμήσομαι, ὅπως ἄν με διδάξῃς περὶ τοῦ ὁσίου. Es wäre nun weiter zu untersuchen, wie viel Definitionen jeder Gruppe zuzuweisen sind. Wir können im ganzen nur vier Definitionen statuieren, zwei für jede Gruppe. Es sind also beide Gruppen symmetrisch gestaltet. Wenn manche Erklärer, wie z. B. Fritzsche, der Definitionen mehrere annehmen, so rührt dies daher, dass sie sprachlich modifizierte Definitionen als neue zählen. Wie wenig dies aber begründet ist, dürfte folgende Darlegung zeigen. Eine Modifikation der Definition wird in jeder Gruppe einmal vorgenommen; in der ersten Gruppe wird die Definition „das Fromme ist das, was den Göttern lieb ist," dahin korrigiert, dass statt „den Göttern" gesagt wird „allen Göttern;" in der zweiten Gruppe wird die Definition „das Fromme ist der Teil des rechten (sittlichen) Handelns, welcher sich auf die θεραπεία der Götter bezieht, dadurch zu verbessern gesucht, dass statt des vieldeutigen θεραπεία der Ausdruck ὑπηρετική (Dienst) eingeführt wird. Allein damit werden keine neuen Definitionen gegeben, sondern vorhandene sprachlich nur schärfer zu formulieren versucht. Es ist dies sogar nicht ohne Spitzfindigkeiten geschehen; denn wenn θεραπεία, als „Sorge" gefasst, darum verworfen wird, weil diese nur ein Besserwerden des Gegenstandes, dem die θεραπεία zuteil wird, voraussetzt, so möchte ich doch meinen Zweifel aussprechen, ob ein Grieche θεραπεία an jener Stelle anders denn als Dienstleistung (ὑπηρετική) gefasst haben würde; man vergleiche doch nur θεράπων, ferner θεραπεύειν τὰς θύρας, beim persischen Hofe aufwarten, und anderes. Auch im ersten Fall ist die Korrektur, die durch Einschaltung eines πάντες vorgenommen wird, nicht ohne Schwierigkeiten. Grammatisch kann οἱ θεοὶ alle existierenden Götter bezeichnen, wie οἱ ἄνθρωποι alle Menschen bezeichnen kann. Es kann aber auch οἱ θεοί die Götter bezeichnen, welche für eine bestimmte Situation in Frage kommen, z. B. die vaterländischen Götter, an die jeder Grieche zunächst gedacht haben würde. Es ist nun richtig, dass durch die Gegenüberstellung von οἱ θεοί und πάντες οἱ θεοὶ für οἱ θεοὶ die letzterwähnte Beschränkung nahegelegt wird; allein an und für sich liegt sie nicht in οἱ θεοί. Viel klarer und deutlicher als durch πάντες wäre die sprachliche Unbestimmtheit von οἱ θεοὶ gehoben worden durch Ausdrücke, wie „göttliche Natur, göttliches Wesen." Es steht sonach fest, dass wir nur vier Definitionen anzunehmen haben, je zwei in einer Gruppe, eine in jeder Gruppe mit sprachlicher Modifikation. Es wird demnach folgende Gliederung des Dialogs eine in sich begründete sein.

A) Einleitung. 2a—5d

Der Prozess gegen Sokrates wegen ἀσέβεια und der Prozess des Euthyphro gegen seinen Vater wegen Tötung, bieten den Anlass zur Untersuchung des Begriffs der Frömmigkeit dar. Dies ist das Thema des Dialogs.

B) Thema: Was ist das Fromme? 5d—15c

a) Erste Gruppe der Definitionen. 5d—11b

α) Erörterung der ersten Definition: Das Fromme ist das, was eben Euthyphro thut, nämlich den Unrechtthuenden, sei es wer es wolle, anzuklagen, 5d—6e.

β) Prüfung der zweiten Definition und zugleich sprachliche Modifikation derselben: Das Fromme ist das, was den (genauer „allen") Göttern lieb ist, 7a—11b.

Kleines Intermezzo (Unterbrechung der Beweisführung), 11b—11e.

b) Zweite Gruppe der Definitionen. 11e—15c

γ) Prüfung der dritten Definition, verbunden mit sprachlicher Modifikation derselben: Das Fromme ist der Teil des sittlich-rechten Handelns, welche sich auf die Sorge (genauer „Dienst") für die Götter bezieht, 11e—14b.

δ) Erörterung der vierten Definition: Das Fromme ist die Kenntnis des Opferns und Betens, 14b—15c.

C) Schluss des Dialogs. 15c—16a

Kurze Konstatierung von seiten Sokrates', dass das Thema nicht vollständig zu Ende geführt ist.

§ 4 Die Komposition des Dialogs.

Der Dialog gehört zu denjenigen, in denen die sich unterredenden Personen — es sind deren zwei, Euthyphro und Sokrates — ohne jede Einkleidung sofort auftreten und das Gespräch zu Ende führen. Zu Grunde liegt dem Dialog die Gleichzeitigkeit der Prozesse des Sokrates und des Euthyphro. Also wird für die Unterredung das Jahr 399 angenommen. Wir haben keinen Grund, den Fall, der im Prozess des Euthyphro behandelt wird, für einen fingierten zu halten[1]. Allein die zeitliche Zusammenstellung des Euthyphro'schen Prozesses mit dem des Sokrates ist eine Schöpfung der dichterischen Phantasie[2]. Dies dürfte sich aus folgender Erwägung ergeben: Mit dem Frühjahr 404 wurde Athen durch den unglücklichen Ausgang des peloponnesischen Krieges gezwungen, alle seine Kleruchien aufzugeben (Xen. Mem. 2, 8, 1). Also im Jahre 399 gab es keine athenischen Kleruchien mehr auf Naxos, folglich konnte damals die That des Vaters des Euthyphro nicht geschehen sein. Sie konnte spätestens vor dem Frühjahr 404 vorgefallen sein. Es musste also zwischen dem Totschlag auf Naxos und der Einbringung der Klage ein Zeitraum von fünf Jahren verflossen sein. Selbst wenn wir annehmen wollen, dass die Klage damals noch nicht verjährt

---

[1] Schleiermacher deutet einen Zweifel an p. 56: „Ziemlich deutlich trägt der Rechtsstreit des Euthyphron gegen seinen Vater das Gepräge einer wahren Begebenheit, wäre sie auch von andern Zeiten oder Personen übertragen." Allein es ist ganz unmöglich anzunehmen, Plato habe auf Euthyphro übertragen, was ein anderer gethan. Dagegen ist der Zweifel, wie wir sehen werden, bezüglich der Zeit berechtigt.

[2] Meines Wissens hat dies zuerst gesehen Lehrs Platos Phädrus und Gastmahl p. XVI „Diesem Gedanken giebt Plato einen Ausdruck, indem er ein Zusammentreffen des Sokrates, der sich wegen seines Prozesses beim Archon zu stellen im Begriff ist, mit dem renommierten und priesterstolzen Euthyphro dichtet, der eben auch zum Archon geht, um — und dieses muss wohl Thatsache sein — seinen eigenen Vater anzuklagen auf Totschlag." Auch Wilamowitz Philol. Unters. I 219 Anm. spricht sich in diesem Sinne aus: „der Prozess des Euthyphro, welcher die naxische Kleruchie voraussetzt, ist wahrscheinlich älter und von Platon durch künstlerische Freiheit verrückt; denn den Anlass zum Euthyphro sehe ich doch wohl richtig in einer allerdings zu übler Kasuistik Anstoss gebenden Stelle des Gorgias (480d 507d), wo Sokrates noch vorschreibt, man müsse seine Verwandten selber anklagen. Vermutlich ward Platon zu der Korrektur durch Polemik veranlasst." Noch bestimmter spricht diese Ansicht Wilamowitz in einer brieflichen Mitteilung aus.

war, so ist doch absolut nicht abzusehen, was Euthyphro bewogen haben sollte, in einem in Bezug auf die Thatfrage völlig klaren Fall fünf Jahre zu warten. Unser Dialog giebt auch nicht die mindeste Andeutung, dass Euthyphro mit seiner Klage so lange gewartet hätte; und doch wäre es im Interesse Platos gelegen, dieses Moment nicht zu verschweigen, denn es wäre ja dadurch Euthyphros Verfahren noch viel wunderlicher erschienen. Wenn aber die zeitliche Heranrückung des Prozesses des Euthyphro an den des Sokrates eine Dichtung ist, so muss Plato unzweifelhaft doch einen Grund gehabt haben, von der Wirklichkeit abzuweichen. Der Grund ist leicht ersichtlich. Der Prozess des Euthyphro soll auch ein helles Licht auf den des Sokrates werfen[1]. Ein noch junger Mensch bringt eine Klage gegen Sokrates wegen Gottlosigkeit ein. Sokrates wird verurteilt. Auch Euthyphro bringt eine Klage aus religiösen Motiven ein, und zwar gegen seinen eigenen Vater. Euthyphro ist Gottesgelehrter, er ist μάντις, und nun stellt sich heraus, dass er die unwürdigsten Vorstellungen von der Gottheit hat und nicht einmal weiss, was das Fromme ist. Jeder Leser wird daraus einen Schluss auf die Beschaffenheit der Klage des Meletos gegen Sokrates machen. Wir glauben daher in der Parallelisierung der beiden Prozesse einen apologetischen Nebenzweck des Dialogs zu erblicken. Was die sonstige Komposition des Dialogs anlangt, so bietet er keine besonderen kunstreichen Seiten dar. Der Grundzug derselben, das ἦθος, ist die leichte ironische Behandlung des Euthyphro. Wir wollen hier nur eine Seite derselben näher darlegen, da sie bisher wenig Beachtung gefunden. Wir meinen die sprachlichen Spielereien, die der Dialog enthält. Sie würden störend wirken und Tadel verdienen, wenn nicht die Absicht des Schriftstellers zu statuieren wäre, auf den Etymologen Euthyphro ironisch anzuspielen. Solche sprachliche Spielereien sind: die Unterscheidung von δίκη und γραφή (2a), das Wortspiel mit Μέλητος und ἐπιμέλεσθαι (2d), mit ἀφ' Ἑστίας ἄρχεσθαι (3a), der Scherz mit διώκω (3e) und ἕπομαι (12a), die spitze Wendung mit ὁρᾶν und καθορᾶν (5c), der Gleichklang Δαιδάλου — Ταντάλου (11d), ἀσεβείας ἐγράψατο — εὐσεβές (5c), vielleicht auch ὁ ποιητής — ὁ ποιήσας (12a) und τὰς — καταλιπὼν διατριβὰς — διατρίβεις (2a).

[1] Bereits Schleiermacher 55 macht auf diese apologetische „Nebenabsicht" des Gesprächs aufmerksam; allein er wird durch die irrige Annahme dazu veranlasst, dass dieses Gespräch unstreitig zwischen der Anklage und der Verurteilung des Sokrates geschrieben ist. Manche betrachten diese Apologie als Hauptzweck des Dialogs, z. B. Maresch 7 „Dies alles nötigt, den eigentlichen Zweck des Gesprächs in der Verteidigung des Sokrates gegen die Anklage wegen Gottlosigkeit zu sehen."

§ 5 Zweck des Dialogs[1].

Deutlich ist als Thema des Dialogs die Untersuchung über das Wesen der Frömmigkeit hingestellt. Es ist daher verkehrt, wenn man das Hauptziel des Dialogs in Dingen sucht, welche mit dieser Frage in keinem Zusammenhang stehen. Richtig ist dagegen, dass ein Kunstwerk neben seiner eigentlichen Bestimmung noch einen Nebenzweck verfolgen kann und stets eine Reihe anderer Anregungen darbietet. Allein dem gegenüber darf der Hauptzweck, das eigentliche Ziel des Werkes niemals ausser acht gelassen werden. In unserem Fall ist also die erste Frage die: **Ist die Aufgabe des Dialogs, das Wesen der Frömmigkeit zu bestimmen, erreicht worden?** Wir haben vier Definitionen kennen gelernt; von diesen werden widerlegt die erste, zweite und vierte; dagegen hat keine Widerlegung gefunden die dritte: die Frömmigkeit ist der Teil des rechten (sittlichen) Verhaltens, welcher sich auf den Dienst der Gottheit bezieht. Die Untersuchung bleibt bei der Frage, was die Götter mit unserem Dienst erreichen wollen, und der wenig bestimmten Antwort des Euthyphro „viel Schönes" stehen. Alsdann bricht Euthyphro plötzlich ab und giebt eine etwas weitläufige neue Begriffsbestimmung des Frommen. Sokrates entgegnet darauf, dass Euthyphro zur richtigen Beantwortung seiner Frage viel weniger Worte gebraucht hätte. Hierauf fügt er die bedeutsamen Worte hinzu: καὶ γὰρ νῦν ἐπειδὴ ἐπ' αὐτῷ ἦσθα, ἀπετράπου· ὃ εἰ ἀπεκρίνω, ἱκανῶς ἂν ἤδη παρὰ σοῦ τὴν ὁσιότητα ἐμεμαθήκη (11 e). Hiernach steht fest, 1) dass die Definition nicht bis zum letzten Ziel geführt wurde; 2) dass Euthyphro aber dem Ziele so nahe war, dass eine kurze Antwort genügt hätte, um das Fehlende zu ergänzen und jene Definition als die allein berechtigte erscheinen zu lassen. Es entsteht nun die Frage: Liegt die vermisste Antwort so nahe,

---

1 Vgl. ausser den Einleitungen von Schleiermacher, Steinhart, Stallbaum, Wohlrab, Fritzsche noch Socher Über Platos Schriften p. 62 Arnold Platos Werke I 45—67 Hermann Plat. Philos. I 640 Susemihl Genet. Entw. I 114—127 Munk Ordnung der plat. Schr. 441—457 Grote Plato I 310—330 Bonitz Platonische Studien 3 Aufl. 1886 p. 227—242 (am meisten zu beachten), Yxem Über Platons Euthyphro Progr. des Friedr. Wilh. Gymn. Berlin 1842 Maresch Einleitung zu Platons Euthyphro Progr. des kath. Gymn. zu Pressburg 1859 Münscher Inhalt und Erläuterung des Euthyphro Progr. Hersfeld 1859 Walser Platons Euthyphro Progr. Hermanstadt 1865—6 Collmann Über den plat. Dialog Euthyphron Progr. Marburg in Hessen 1870 p. 9—30 Schultze Über Platons Euthyphro Progr. Wittstock 1870 Lechthaler Die ὁσιότης (Frömmigkeit) bei Platon mit Rücksicht auf Schaarschmidts Athetese. Progr. Meran 1859 Rieser De Platonis Euthyphrone Berner Diss. 1880.

dass sich dieselbe aus dem Inhalt des Dialogs von selbst ergiebt? Ich glaube, die Frage kann mit gutem Grund bejaht werden. Es handelt sich darum: Was wollen die Götter mit unserer Dienstleistung? Im Vorausgehenden war deutlich als Ansicht des Sokrates hingestellt, dass jene Erzählungen, die von Streit, Zank und Krieg bei den Göttern handeln, als unwürdige Vorstellungen von der Gottheit fernzuhalten sind (6a 8d). Es wird also angedeutet, dass der göttliche Wille ein einheitlicher ist, dass die Götter nur Eines wollen. Dieses Eine kann aber nur das vollkommen Gute sein. War dies schon sehr nahegelegt durch die Frage des Sokrates (13e): τί ποτέ ἐστιν ἐκεῖνο τὸ πάγκαλον ἔργον, ὃ οἱ θεοὶ ἀπεργάζονται ἡμῖν ὑπηρέταις χρώμενοι; — auch die Ausführung des Gedankens, dass wir durch unsern Dienst die Götter nicht besser machen können (13c), dürfte nicht ohne Bedeutung sein — so wird dies im späteren Verlauf des Dialogs fast ausgesprochen durch den Satz: Alles Gute kommt von den Göttern (οὐδὲν ἡμῖν ἐστιν ἀγαθόν, ὅτι ἂν μὴ ἐκεῖνοι δῶσιν 15a). Sonach kann die dritte Definition so vervollständigt werden: Das Fromme ist der Teil des rechten (sittlichen) Verhaltens, der sich auf den Dienst der Götter bezieht. Der Dienst, den wir den Göttern leisten, besteht darin, dass wir das wollen und thun, was die Götter wollen — das vollkommen Gute: Fromm ist also derjenige, der seinen Willen dem göttlichen anpasst, der sich zu einem Organ des göttlichen Willens macht[1]. Gegen die Stichhaltigkeit dieser Definition wird kaum jemand etwas einzuwenden vermögen. Nun wird man vielleicht die Frage aufzuwerfen geneigt sein, warum denn Plato den Euthyphro nicht jenes naheliegende Wort aussprechen liess. Er durfte dies nicht thun, wenn er den Nebenzweck des Dialogs, den wir im vorigen Paragraphen angedeutet haben, nicht vereiteln wollte. Wenn nämlich Plato dem Leser der damaligen Zeit ins Bewusstsein bringen wollte, dass ein Mann, der Seher ist und sich eingehend mit den göttlichen Dingen befasst, der eine Klage gegen seinen Vater wegen Totschlags aus religiösen Rücksichten einbringt, nicht einmal weiss, was das Fromme ist — wenn Plato das wollte, um damit ein Licht auf die Anklage des jungen Meletos gegen Sokrates wegen ἀσέβεια fallen zu lassen, so durfte die Definition nicht zu Ende geführt werden. Wäre sie zu Ende geführt worden, so wäre Euthyphro trotz der

---

[1] Bonitz Plat. Stud.³ 234: „Die Frömmigkeit ist nichts anders als die vollendete Sittlichkeit, nur unter der Form, dass sich der Mensch bewusst ist, hierdurch das dienende Organ für das göttliche Wirken zu sein." Vgl. Susemihl Genet. Entw. I 115.

Beihülfe des Sokrates in Bezug auf das Fromme als Wissender erschienen, und jener Nebenzweck wäre vereitelt worden. Um dieses Nichtwissen Euthyphros noch deutlicher zu markieren, muss er sogar noch eine neue, dem gewöhnlichen Bewusstsein sich enger anschliessende Definition vorbringen.

Fassen wir das Gesagte zusammen, so werden wir als Hauptzweck des Dialogs die Definition des Frommen hinstellen und auf Grund unserer Darlegung sagen können, dass dieses Ziel erreicht worden. Mit dem wissenschaftlichen Hauptzweck verband Plato noch einen ethischen Nebenzweck, er wollte durch den Fall des μάντις Euthyphro zugleich den Prozess des Sokrates beleuchten.

Dass der Dialog ausserdem noch eine Reihe anderer Anregungen enthält, ist selbstverständlich. Sie gehen nach zwei Seiten hin, einmal nach der Lehre von der Tugend, dann nach Erkenntnis der logischen Operationen. In Bezug auf die Tugendlehre ist der Schritt gemacht worden, dass die Frömmigkeit nicht als eine der δικαιοσύνη, ἀνδρεία, σωφροσύνη, σοφία koordinierte Tugend angesehen wird, sondern dass sie in die δικαιοσύνη aufgeht. Die Kenntnis der logischen Operationen wird gefördert durch folgende Ausführungen: a) Es wird zum Bewusstsein gebracht, dass die Definition keinen Einzelfall darbieten darf; b) es wird in zwei Fällen dargelegt, dass alle sprachliche Unbestimmtheit von der Definition ferngehalten werden müsse; c) es wird der Unterschied von Grund und Folge, von Ursache und Wirkung entwickelt; d) im Anschluss hieran treten ziemlich deutlich die Kategorieen des Activums und Passivums hervor; e) es wird der übergeordnete und untergeordnete, weitere und engere Begriff untersucht.

§ 6 Zeit der Abfassung des Dialogs.

Als Zeit der Unterredung ist, wie aus der Inhaltsübersicht hervorgeht, das Jahr 399 angesetzt, als die Klage gegen Sokrates von Meletos und seinen Genossen eingebracht war. Es fragt sich, ob diese Zeit, die für das Gespräch angenommen wird, auch für die Abfassung anzunehmen ist[1]. Eine solche Annahme ist aber unmöglich, denn der Dialog enthält Äusserungen des Sokrates, wie z. B. über die herkömmlichen Göttermythen, welche die Anklage des Meletos notwendig gestützt hätte, und lässt überhaupt nicht als Hauptzweck die Verteidigung des Sokrates erkennen, da in diesem Fall ganz andere Mittel zu wählen waren. Der Dialog muss also nach dem Tod

---

[1] Vgl. Überweg Untersuchungen 250.

des Sokrates geschrieben sein. Ob kurz oder lang nach dem Tode des Sokrates, dürfte durch folgende Erwägung sich annähernd feststellen lassen. Die Stimmung Platos über den Prozess des Sokrates ist im Euthyphro eine so resignierte und leicht ironische, dass sich dieselbe aus der Zeit unmittelbar nach dem Tode nicht erklären lässt. Es tritt dies besonders zu Tage, wenn wir diesen Ton mit der Bitterkeit des Gorgias vergleichen, dessen Abfassung kurz nach dem Tode des Sokrates nicht zweifelhaft ist. Ich halte es für unmöglich, dass Gorgias und Euthyphro, die sich so ganz verschieden zu dem tragischen Fall des Sokrates stellen, in eine Zeit fallen. Euthyphro muss später sein. Ein bestimmteres Resultat würden wir erhalten, wenn es uns gelingen würde, Dialoge aufzufinden, welche der Euthyphro voraussetzt und die wir der Zeit nach genauer bestimmen könnten. Die Betrachtung der Tugendlehre scheint uns eine solche Handhabe darzubieten. Hier finden wir, wie wir bereits oben dargelegt haben, eine Änderung des Standpunktes bei Plato, indem in manchen Dialogen fünf Tugenden angenommen werden, die Weisheit, die Besonnenheit, die Tapferkeit, die Frömmigkeit, die Gerechtigkeit, in anderen vier, indem die Frömmigkeit fehlt. Da nun unser Dialog an einer bedeutsamen Stelle, in einer Definition, die Frömmigkeit der $\delta\iota\varkappa\alpha\iota o\sigma\acute{v}v\eta$ subordiniert und sonach nicht als eigene Tugend gelten lässt, so wird man jene Dialoge, welche fünf Tugenden annehmen, für zeitlich früher halten müssen als jene, die deren nur noch vier kennen. Allein auch hier darf Vorsicht nicht ausser acht gelassen werden; gelegentliche Erwähnungen der fünf Tugenden können keineswegs als völlig beweiskräftig gelten; dagegen muss ein entschiedenes Gewicht jenen Stellen beigelegt werden, wo in wissenschaftlicher Untersuchung die Fünfzahl der Tugenden angenommen ist. Eine solche Stelle ist Protag. 349b $\sigma o \varphi \iota \alpha$ $\varkappa \alpha \iota$ $\dot{\alpha}v\delta\varrho\varepsilon\iota\alpha$ $\varkappa \alpha \iota$ $\delta\iota\varkappa\alpha\iota o\sigma\acute{v}v\eta$ $\varkappa \alpha \iota$ $\dot{o}\sigma\iota\acute{o}\tau\eta\varsigma$, $\pi\acute{o}\tau\varepsilon\varrho ov$ $\tau\alpha\ddot{v}\tau\alpha$, $\pi\acute{\varepsilon}v\tau\varepsilon$ $\ddot{o}v\tau\alpha$ $\dot{o}v\acute{o}\mu\alpha\tau\alpha$, $\dot{\varepsilon}\pi\dot{\iota}$ $\dot{\varepsilon}v\dot{\iota}$ $\pi\varrho\acute{\alpha}\gamma\mu\alpha\tau\acute{\iota}$ $\dot{\varepsilon}\sigma\tau\iota v$; Nach dieser Stelle wird man mit Sicherheit den Protagoras für älter halten müssen, als den Euthyphro. Könnten wir den Protagoras datieren, so wäre damit auch für den Euthyphro eine Grenze gefunden. Allein die chronologische Fixierung des Protagoras, wie die Christs, der das Jahr 385 ungefähr als Zeit der Abfassung annimmt, beruht auf Kombinationen, die keineswegs allem Zweifel entrückt sind. Wir kommen daher über die obigen allgemeinen Angaben nicht hinaus. Noch eine Grenze nach abwärts gewinnen wir durch Betrachtung der Ideenlehre. Es fragt sich nämlich, ob bereits die Ideenlehre, das reifste Produkt des platonischen Denkens, im Euthyphro vorliegt. Wenn wir den

Dialog nach dieser Hinsicht durchgehen, so finden wir zwar Ausdrücke, welche an die in der Ideenlehre vorkommenden erinnern, z. B. 6e; allein es fehlt die wichtigste Bestimmung der Ideenlehre, die Realität der Begriffe ausserhalb des Denkens. Es dürfte daher nicht angehen, den Euthyphro in eine Zeit herabzurücken, in denen die Ideenlehre bereits ihre bestimmte und klare Formulierung gefunden hatte. Auch zeigt sich im Stil kein Moment, das auf die Zeit der reiferen Dialoge hinweist.

§ 7 Echtheit des Dialogs.

Die Angriffe gegen die Echtheit[1] des Dialogs basieren auf zwei angeblichen Mängeln, einmal der kunstlosen Komposition, andererseits der Resultatlosigkeit der Unterredung und Armut inneren Gehalts. Allein nach beiden Seiten hin dürfte unsere Untersuchung das Unbegründete dieser Ansicht ergeben haben. Um zuerst auf den letzten Punkt einzugehen, so hat sich durch unsere Darlegung herausgestellt, dass die Unterredung zu einem bestimmten Ergebnis geführt hat; denn die richtige Definition der Frömmigkeit ist in einer Weise angedeutet, dass sie jeder mit Hilfe anderer Andeutungen des Dialogs vollständig geben kann. Formell durfte sie nicht zum Abschluss kommen, um einen Nebenzweck des Dialogs nicht zu gefährden. Diese Definition der Frömmigkeit enthält aber einen nicht gewöhnlichen und Platos ganz würdigen Gedanken. Was aber die Komposition anlangt, so ist allerdings zuzugeben, dass der Dialog sich mit anderen, wie z. B. Protagoras, nicht vergleichen lässt. Allein die Parallelisierung der beiden zeitlich auseinander liegenden Prozesse enthält doch ein künstlerisches Element der Komposition, das nicht gering veranschlagt werden darf. Auch verrät die leichte ironische Behandlung Euthyphros künstlerischen Sinn. Da nun auch in Bezug auf Stil und Sprache nichts Stichhaltiges vorgebracht werden kann, was auf einen andern Verfasser als Plato hinwiese, so müssen wir an der Echtheit des Dialogs festhalten.

---

[1] Den Dialog sprechen Plato ab: Ast Leben und Schriften Platos S. 469 Überweg Untersuchungen p 251, der an Pasipho von Eretria als Verfasser denkt, endlich Schaarschmidt die Sammlung der plat. Schr. p. 390, zuletzt Jos. Wagner Zur Athetese des Dialogs Euthyphron; Progr. des ersten deutschen Gymn. in Brünn 1882—83.

ΕΥΘΥΦΡΩΝ

ἢ περὶ ὁσίου [πειραστικός.]

ΤΑ ΤΟΥ ΔΙΑΛΟΓΟΥ ΠΡΟΣΩΠΑ
ΕΥΘΥΦΡΩΝ, ΣΩΚΡΑΤΗΣ.

Τί νεώτερον, ὦ Σώκρατες, γέγονεν, ὅτι σὺ τὰς ἐν Λυκείῳ καταλιπὼν διατριβὰς ἐνθάδε νῦν διατρίβεις περὶ τὴν τοῦ βασιλέως στοάν; οὐ γάρ που καὶ σοί γε δίκη τις οὖσα τυγχάνει πρὸς τὸν βασιλέα ὥσπερ ἐμοί.

1 *τί νεώτερον.* Der Komparativ steht hier nicht im Sinne einer Steigerung, sondern im Sinne der Gegensätzlichkeit, also hier im Gegensatz zum Alten. So sagen auch wir „höhere Schulen" im Gegensatz zu „niederen," ferner „früher" nicht bloss im Sinne von „früher als ein anderer," sondern auch im Gegensatz zu „jetzt." Vgl. Ziemer Komparation 252. Aus dem Satze mit ὅτι ergiebt sich leicht die Modifikation der Bedeutung des „Neuen" im Sinne des „Unerwarteten."

2 *Λύκειον* war ein Gymnasium ausserhalb der Stadt, das (nach Philochoros) von Perikles begründet wurde, und dessen Ausbau der Redner Lykurg vollzog; (Wachsmuth die Stadt Athen I 500, 2 601, 1). Als Aufenthaltsort des Sokrates erscheint dasselbe Symp. 223d Euthyd. 271a Lys. 203a. Später lehrte dort bekanntlich Aristoteles.

διατριβὰς — διατρίβεις. Das Substantiv „Verweilen, Aufenthalt" ist gewählt wegen des folgenden *διατρίβειν*; der Ausdruck ist dadurch etwas gesucht geworden. Der Plural steht, um den oftmals vorkommenden, regelmässigen Aufenthalt des Sokrates im Lykeion zu bezeichnen.

3 *τὴν τοῦ βασιλέως στοάν* (auch ἡ βασίλειος στοά). Sie war das Amtslokal des ἄρχων βασιλεὺς und bildete „den nördlichen Punkt auf der Westseite der Südhälfte des Marktes" Wachsmuth die Stadt Athen I 203.

καὶ σοί γε. In der einen Quelle der Überlieferung T fehlt γε; allein bei οὐ γάρ που gebraucht Plato fast immer γε vgl. 13a 14e 4b (H. Hoefer de partic. Plat. 22). Falls man wegen des καὶ an dem γε Anstoss nehmen würde, so ist zu bemerken, dass, da bei Plato kein zweites Beispiel der Partikelverbindung οὐ γάρ που mit καὶ vorkommt, die Entscheidung aus dem anderweitigen Gebrauch zu treffen ist. Es erscheint aber καὶ sowohl in der Bedeutung „und" als in der Bedeutung „auch" mit γε, z. B.

Platos Dialoge I.

ΣΩ. Οὗτοι δὴ Ἀθηναῖοί γε, ὦ Εὐθύφρον, δίκην αὐτὴν καλοῦσιν, ἀλλὰ γραφήν.

ΕΥΘ. Τί φῇς; γραφήν σέ τις, ὡς ἔοικε, γέγραπται; οὐ γὰρ ἐκεῖνό γε καταγνώσομαι, ὡς σὺ ἕτερον.

Crito 47b ταύτῃ ἄρα αὐτῷ πρακτέον καὶ γυμναστέον καὶ ἐδεστέον γε καὶ ποτέον (Kr. zu Anab. 2, 1, 14) und unten 6b Xen. Cyrop. 1, 4, 9 καὶ σύ γε τιμωρησάμενος ὅτι βούλει, ταῦτα ὅμως χάρισαί μοι Euthyd. 298d (Antwort) Καὶ ἡ μήτηρ γε. Durch Hinzufügung des γε fällt ein starker Accent auf σοί, und wird ein Gegensatz zu dem δίκη οὖσα τυγχάνει hervorgerufen. „Du und ein Prozess!" Vgl. Bekker Hom. Bl. 284.

4 βασιλέα. Der Archon βασιλεύς hatte die Vorstandschaft an dem Gerichtshofe (ἡγεμονία δικαστηρίων), welcher sich mit Fällen religiöser Natur befasste; dazu gehörten auch die meisten δίκαι φονικαί, weil hier die Blutschuld in Frage kam. Mit der Vorstandschaft war auch die Instruierung des Prozesses und die Sorge für die Vollziehung des gefällten Urteils verbunden.

1 οὗτοι δὴ — γε. Diese Partikelverbindung bezeichnet Badham Euthyd. 83 mit Unrecht als unerhört; sie erscheint noch Leg. II 656c οὗτοι δὴ τοῦτό γε λόγον ἔχει Cratyl. 438d οὗτοι (unzweifelhafte Verbesserung für οὕτω) δὴ δίκαιόν γε Alcib. I 124d οὗτοι δὴ πρέπει γ', ὦ Σώκρατες.

δίκην — γραφήν. Diese Gegenüberstellung findet sich noch Isae. 11, 28 ὥσπερ καὶ γραφὰς κατ' ἐμοῦ δέδωκεν, οὕτω καὶ δίκας ἐμοὶ εἶναι καὶ τῷ παιδὶ πεποίηκεν Isokr. 18, 51 δίκας οἵας δεδίκασται καὶ γραφὰς εἰσελήλυθε. Bei den δίκαι berührt die Klage „die Verletzung eines bloss individuellen Interesses, bei den γραφαί dagegen die Verletzung eines nicht individuellen". Wir übersetzen daher „Privatklagen — öffentliche Klagen". Allein für die Terminologie ist zu beachten, 1) dass δίκη im allgemeinen jeden Rechtsstreit bedeutet, und dass durch den Beisatz ἰδία und δημοσίᾳ beide Klageformen unterschieden werden; 2) dass γραφή viel häufiger nur eine besondere Art von öffentlichen Klagen neben anderen bezeichnet. Vgl. die Anmerkung 3 zu γραφήν und Lipsius bei Meier und Schömann Attisch. Process I 196, 7. δίκη kann also, wie 3e zeigt, auch von dem Prozess des Sokrates gebraucht werden. Wenn Sokrates berichtigend statt des allgemeineren Ausdruckes den speziellen setzt, so scheint darin eine leise Ironie auf Euthyphro zu liegen, der sich, wie der Dialog Cratylus zeigt, auch mit Wortdeutungen abgegeben hat.

αὐτήν. Über diese Assimilation Kr. § 61, 7, 1 Heindorf zu Soph. § 28 p. 313.

3 γραφήν σέ — γέγραπται. Allen Formen öffentlicher Klagen ist gemeinsam, dass die Klage schriftlich bei dem Vorstand des Gerichtshofs eingereicht wird. Allein es giebt auch öffentliche Klagen, bei denen ausserdem noch eine besondere Handlung hinzukommen muss. Meier und Schömann l. c. 234. So erklärt sich der Ausdruck γραφὴν γράφεσθαι, durch Anklageschrift anklagen. Zu dem doppelten Accusativ vgl. Xen. Mem. 4, 8, 4 Μελήτου γεγραμμένου αὐτὸν τὴν γραφήν Dem. 18, 251 οὐδεμίαν πώποτ' ἐγράψατό με οὐδ' ἐδίωξε γραφήν.

4 καταγνώσομαι. Einige Kritiker vermissen σοῦ. Dasselbe findet sich allerdings in der ähnlichen Stelle Meno 76c ἐμοῦ

ΕΥΘΥΦΡΩΝ.

ΣΩ. Οὐ γὰρ οὖν.
ΕΥΘ. Ἀλλὰ σὲ ἄλλος;
ΣΩ. Πάνυ γε.
ΕΥΘ. Τίς οὗτος;
ΣΩ. Οὐδ' αὐτὸς πάνυ τι γιγνώσκω, ὦ Εὐθύφρον, τὸν ἄνδρα· νέος γάρ τίς μοι φαίνεται καὶ ἀγνώς· ὀνομάζουσι μέντοι αὐτόν, ὡς ἐγῷμαι, Μέλητον. ἔστι δὲ τῶν δήμων Πιτθεύς, εἴ τινα νῷ ἔχεις Πιτθέα Μέλητον, οἷον τετανότριχα καὶ οὐ πάνυ εὐγένειον, ἐπίγρυπον δέ.

ἴσως κατέγνωκας, ὅτι εἰμὶ ἥττων τῶν καλῶν. Allein der Satz mit ὡς macht jenen Zusatz entbehrlich.

2 ἀλλὰ σὲ ἄλλος; Nach der vorausgegangenen Antwort des Sokrates ist diese weitere Frage überflüssig, allein bei unglaublichen Dingen kann der Hörende das Gefühl des Erstaunens schwer los werden und kommt daher wiederholt auf dieselben zurück.

5 Οὐδ' — πάνυ τι. „Apud veteres πάνυ τι semper cum negatione coniungitur, ubi saepe οὐ πάνυ τοι scribi in libris (so auch hier in schlechten Handschriften) videbis, quibus tu nihil tribues" Cobet nov. lect. 606. Bezüglich des τι (= πως) vgl. πῶς τι, πηνίκ' ἄττα, σχεδόν τι. Hier ist der Ausdruck in seiner eigentlichen Bedeutung gesetzt „nicht sehr, nicht vollständig, nicht durchaus." Vermöge einer Litotes gelangt aber die Formel häufig zur Bedeutung „gar nicht" wie οὐ κάκιστος, οὐχ ἥκιστα zur Bedeutung von ἄριστος, μάλιστα.

6 νέος τις. Das unbestimmte Pronomen mildert oder steigert (vgl. 2c σοφός τις) die Eigenschaft, zu der es tritt.

7 ὡς ἐγῷμαι. Dreimal schränkt Sokrates seine Kenntnis von Meletos ein, zuletzt in sehr starker Weise durch ὡς ἐγῷμαι. Dass hier Ironie waltet, zeigen die gleich darauffolgenden Worte, in denen Sokrates doch eine genauere Kenntnis der Personalien des Meletos an den Tag legt.

Μέλητον. Theaet. 210d νῦν μὲν οὖν ἀπαντητέον μοι εἰς τὴν τοῦ βασιλέως στοὰν ἐπὶ τὴν Μελήτου γραφήν, ἥν μοι γέγραπται. Meletos war der Hauptankläger im Prozess gegen Sokrates; seine Beistände (συνήγοροι) waren Anytos und Lyko.

τῶν δήμων. Dieser in den Handschriften oft mit dem Accusativ verwechselte Genetiv mit nachfolgendem Demos findet dadurch seine Erklärung, dass hier die ursprüngliche Bedeutung von δῆμος = δημότης — vgl. ll. XII 213 δῆμον ἐόντα παρὲξ ἀγορεύμεν Aeschyl. fr. 368 οὔτε δῆμος οὔτε ἔτης Bergk Hermes XVIII 515, 1 — zu Grunde liegt. Also „von den Demoten ist er ein Pitthier." In den Inschriften findet sich dieser Genetiv nicht (Riedenauer Onomatol. Bem. 15 Anm.), sondern nur bei den Schriftstellern. Die Attiker setzen regelmässig den Plural (einzige Ausnahme Antiph. fr. 211 K. δῆμον δ' Ἁλαιεύς ἐστιν, wo Herwerden Mnemos.³ XIV 176 τῶν δήμων schreibt); dagegen hat Herodot den Singular IX 73 ἐὼν (so Koen für ἐκ) δήμου Δεκελεῆθεν. Der Gen. steht in der Regel voran. Cobet var. lect. 385.

8 Πιτθεύς. Der Scholiast zur Stelle teilt unrichtig den δῆμος Πίτθος der Αἰγηΐς φυλή zu; er gehörte damals zur Phyle Κεκροπίς. Leake die Demen 232.

2*

ΕΥΘ. Οὐκ ἐννοῶ, ὦ Σώκρατες· ἀλλὰ δὴ τίνα γραφήν
C σε γέγραπται;
ΣΩ. Ἥντινα; οὐκ ἀγεννῆ, ἔμοιγε δοκεῖ· τὸ γὰρ νέον
ὄντα τοσοῦτον πρᾶγμα ἐγνωκέναι οὐ φαῦλόν ἐστιν· ἐκεῖνος γάρ, ὥς φησιν, οἶδε, τίνα τρόπον οἱ νέοι διαφθείρον- 5
ται καὶ τίνες οἱ διαφθείροντες αὐτούς. καὶ κινδυνεύει
σοφός τις εἶναι· καὶ τὴν ἐμὴν ἀμαθίαν κατιδὼν ὡς δια-
φθείροντος τοὺς ἡλικιώτας αὐτοῦ, ἔρχεται κατηγορήσων
μου ὡς πρὸς μητέρα πρὸς τὴν πόλιν. καὶ φαίνεταί μοι

8 νῷ ἔχεις. So noch Rp. VI 490a εἰ νῷ ἔχεις; mit einem Inf. dagegen heisst es immer ἔχω ἐν νῷ im Sinne von „beabsichtigen."
οἷον τετανότριχα. Diese Attraktion erscheint öfters bei οἷος (ἡλίκος). Arist. Wolk. 348 ἦν μὲν ἴδωσι κομήτην, ἀγρίον τινα τῶν λασίων τούτων, οἷόνπερ τὸν Ξενοφῶντος. Förster de attr. 34.
3 ἥντινα. Wenn der Gefragte vor der Antwort das Fragewort wiederholt, so geschieht dies ausnahmslos in der Form der indirekten Rede. Hertlein Werth. Progr. 1862 p. 31 (Vgl. Was hast du gethan? — Was ich gethan habe?). Leg. II 662a καὶ πῶς ἂν ταῦτά γ᾽ ἔτι ξυγχωροῖμεν; Ὅπως; Die dagegen sprechenden Stellen (z. B. Lach. 195a) sind verschwindend und zu korrigieren.
οὐκ ἀγεννῆ. Die Bedeutung des Wortes erhellt aus dem Gebrauch des entsprechenden Adverbs Gorg. 492d οὐκ ἀγεννῶς γε, ὦ Καλλίκλεις, ἐπεξέρχει τῷ λόγῳ παρρησιαζόμενος. Also „eine tüchtige, nicht gewöhnliche Klage."
ἔμοιγε δοκεῖ. So die massgebende Überlieferung statt ὡς ἔμοιγε δοκεῖ. Menex. 236b ὅτι μοι δοκεῖ συντεθῆκε τὸν ἐπιτάφιον λόγον. Dieselbe Interpolation fand in einer geringeren Handschrift Hipp. II 374a (48, 34) ὁ ἑκών, ἔοικεν statt. Cratyl. 424a (64, 5) εἰ ἄρα τοῦτο ἀληθές, ἤδη ἔοικεν ἐπισκεπτέον περὶ ἐκείνων τῶν ὀνομάτων, wo B ἔοικεν, T ὡς ἔοικεν hat.
6 κινδυνεύει. Hier ist die ursprüngliche Bedeutung, die von schlimmen Dingen aus zur Bedeutung „scheinen" gelangte, ganz erloschen.
8 κατηγορήσων — πρός. Apol. 18b ἐμοῦ γὰρ πολλοὶ κατήγοροι γεγόνασιν πρὸς ὑμᾶς.
9 πρὸς τὴν πόλιν. Wenn eine von einer Präposition abhängige Vergleichung dem verglichenen Gegenstand vorausgeht, so steht die Präposition sehr oft nur bei der Vergleichung. Dies ist geschehen bei Plato: Protag. 337e Theaet. 170a Rp. III 414e δεῖ ὡς περὶ μητρὸς καὶ τροφοῦ τῆς χώρας βουλεύεσθαι VII 520e VIII 545e Tim. 27b 81b 91d Leg. X 905b; dagegen ist die Präposition wiederholt ausser unserer Stelle: Rp. IV 440d VIII 553b Phaedo 82e 115b Phaedo 255d Tim. 73d 86a Theaet. 206d ὥσπερ εἰς κάτοπτρον ἢ ὕδωρ τὴν δόξαν ἐκτυπούμενος εἰς τὴν διὰ τοῦ στόματος ῥοήν Rp. IX 573e ὥσπερ ὑπὸ κέντρων ἐλαυνομένους τῶν τε ἄλλων ἐπιθυμιῶν καὶ διαφερόντως ὑπ᾽ αὐτοῦ τοῦ Ἔρωτος. An zwei Stellen finden wir die Präposition lediglich bei dem verglichenen Gegenstand. Phaedo 67d ἐκλυομένην ὥσπερ δεσμῶν ἐκ τοῦ σώματος Tim. 79a ῥεῖν ὥσπερ αὐλῶνος διὰ τοῦ σώματος. Allein da an der ersten Stelle die andere Quelle der Überlieferung ἐκ δεσμῶν ἐκ hat, und sonach dies

τῶν πολιτικῶν μόνος ἄρχεσθαι ὀρθῶς· ὀρθῶς γάρ ἐστι D
τῶν νέων πρῶτον ἐπιμεληθῆναι, ὅπως ἔσονται ὅ τι ἄριστοι, ὥσπερ γεωργὸν ἀγαθὸν τῶν νέων φυτῶν εἰκὸς πρῶτον ἐπιμεληθῆναι, μετὰ δὲ τοῦτο καὶ τῶν ἄλλων· καὶ δὴ
5 καὶ Μέλητος ἴσως πρῶτον μὲν ἡμᾶς ἐκκαθαίρει τοὺς [τῶν 3
νέων] τὰς βλάστας διαφθείροντας, ὥς φησιν· ἔπειτα

als die richtige Überlieferung anzusehen ist, so scheint auch an der zweiten Stelle ein δι', welches sehr leicht ausfallen konnte, eingeschoben werden zu müssen (Herbst Über Cobet's Emend. 31 Naber comm. II 69).

1 ὀρθῶς γάρ. Das „auf rechte Weise" äussert sich in —. Zu ὀρθῶς ist das ἄρχεσθαι hinzuzudenken. Leg. III 697b δεῖ καὶ ἀναγκαῖον τιμάς τε καὶ ἀτιμίας διανέμειν ὀρθῶς· ἔστιν δὲ ὀρθῶς ἄρα τιμιώτατα μὲν καὶ πρῶτα τὰ περὶ τὴν ψυχὴν ἀγαθὰ κεῖσθαι Hipparch. 227 c εἴ τις ὀρθῶς λαμβάνοι τὸν φιλοκερδῆ· ὀρθῶς δ' ἐστὶ τοῦτον ἡγεῖσθαι φιλοκερδῆ κτλ. Symp. 183 d καλῶς μὲν πραττόμενον καλόν, αἰσχρῶς δὲ αἰσχρόν. αἰσχρῶς μὲν οὖν ἐστι πονηρῷ τε καὶ πονηρῶς χαρίζεσθαι, καλῶς δὲ χρηστῷ τε καὶ χρηστῶς. Auch mit Artikel Rp. I 339 c ἐπιχειροῦντες νόμους τιθέναι τοὺς μὲν ὀρθῶς τιθέασι, τοὺς δέ τινας οὐκ ὀρθῶς; — Τὸ δὲ ὀρθῶς ἆρα τὸ τὰ ξυμφέροντά ἐστι τίθεσθαι ἑαυτοῖς, τὸ δὲ μὴ ὀρθῶς ἀξύμφορα; Euthyd. 281 a ἐν τῇ ἐργασίᾳ τε καὶ χρήσει τῇ περὶ τὰ ξύλα μῶν ἄλλο τί ἐστιν τὸ ἀπεργαζόμενον ὀρθῶς χρῆσθαι ἢ ἐπιστήμη ἡ τεκτονική; — Ἀλλὰ μὴν πού καὶ ἐν τῇ περὶ τὰ σκεύη ἐργασίᾳ τὸ ὀρθῶς ἐπιστήμη ἐστὶν ἡ ἀπεργαζομένη.

5 ἐκκαθαίρει, ausjätet. Einige Kritiker verlangen das Futurum. Allein es wird genau geschieden zwischen dem, was Meletos bereits thut — er hatte ja gegen Sokrates die Klage schon eingebracht — und zwischen dem, was er noch thun wird. ἴσως hier „natürlich." Das Bild des Erziehers als eines das Unkraut ausjätenden Gärtners war stets ein beliebtes. Vgl. Ennius Protrept. 83 Müller und dessen Q. Ennius 114.

τῶν νέων τὰς βλάστας. Welcher Begriff als Objekt zu τοὺς διαφθείροντας erwartet wird, ergiebt der Gegensatz τῶν πρεσβυτέρων; es kann dies nur οἱ νέοι sein, diese können aber, da Meletos' Thätigkeit mit der eines Gärtners verglichen wird, durch αἱ βλάσται völlig ausreichend bezeichnet werden. Wollte Plato noch deutlicher sprechen, so konnte er etwa τῆς πόλεως hinzufügen. Allein der Beisatz τῶν νέων ist unhaltbar. Wir müssten etwa übersetzen „das Wachstum, den Trieb der Jugend." Allein dadurch wird der klare Gegensatz verdunkelt. Die Schwierigkeit fühlte zuerst Collmann Über Euthyphro 11 Anm.; er fasste τῶν νέων als explikativen Genetiv. Das richtige Heilmittel, Ausscheidung der Worte τῶν νέων, gab Gomperz Mélanges Graux 50 an. Zum Gedanken vgl. Leg. VI 765 e παντὸς φυτοῦ ἡ πρώτη βλάστη καλῶς ὁρμηθεῖσα πρὸς ἀρετὴν τῆς αὐτοῦ φύσεως κυριωτάτη τέλος ἐπιθεῖναι τὸ πρόσφορον VII 813 d εὖ μὲν τραφέντων καὶ τρεφομένων τῶν νέων πάντα ἡμῖν κατ' ὀρθὸν πλεῖ.

6 ἔπειτα μετὰ τοῦτο. Da ἔπειτα auch bei der Aufzählung gebraucht wird, so tritt μετὰ τοῦτο als schärfere Bestimmung hinzu. Diese Häufung bei Zeitbezeichnungen findet sich oft. Thuk. 2, 9, 2 τὸ πρῶτον, ἔπειτα δὲ ὕστερον Theaet. 196 e νῦν ἐν

μετὰ τοῦτο δῆλον ὅτι τῶν πρεσβυτέρων ἐπιμεληθεὶς πλείστων καὶ μεγίστων ἀγαθῶν αἴτιος τῇ πόλει γενήσεται, ὥς γε τὸ εἰκὸς ξυμβῆναι ἐκ τοιαύτης ἀρχῆς ἀρξαμένῳ.

ΕΥΘ. Βουλοίμην ἄν, ὦ Σώκρατες, ἀλλ' ὀρρωδῶ, μὴ τοὐναντίον γένηται. ἀτεχνῶς γάρ μοι δοκεῖ ἀφ' Ἑστίας ἄρχεσθαι κακουργεῖν τὴν πόλιν, ἐπιχειρῶν ἀδικεῖν σέ.

τῷ παρόντι. Leg. VI 754b νῦν ἐν τῷ παρόντι. Vgl. meine nov. comm. 13.
1 ἐπιμεληθείς. Es ist auffallend, dass dieses Wort sehr rasch hintereinander dreimal wiederholt wird. Wie Yxem Platons Euthyphron 5 beobachtet, geschieht dies, um einen Anklang an Μέλητος zu erhalten. Noch deutlicher tritt dies hervor Apol. 25c ὦ Μέλητε — σαφῶς ἀποφαίνεις τὴν σαυτοῦ ἀμέλειαν, ὅτι οὐδέν σοι μεμέληκεν περὶ ὧν ἐμὲ εἰσάγεις 26b Μελήτῳ τούτων οὔτε μέγα οὔτε μικρὸν πώποτε ἐμέλησεν. Solchen Anklang an einen Eigennamen führt Plato öfters herbei: Symp. 185c Παυσανίου δὲ παυσαμένου — διδάσκουσι γάρ με ἴσα λέγειν οὑτωσὶ οἱ σοφοί Protag. 362a Καλλίᾳ τῷ καλῷ Rp. IX 580c ὁ Ἀρίστωνος υἱὸς τὸν ἄριστόν τε καὶ δικαιότατον Rp. X 614b οὐ μέντοι σοι Ἀλκίνου γε ἀπόλογον ἐρῶ, ἀλλ' ἀλκίμου μὲν ἀνδρός Symp. 174b Ἀγάθων' ἐπὶ δαῖτας ἴασιν αὐτόματοι ἀγαθοί. Vielleicht auch Euthyd. 291d σὺ κρινεῖς, ὦ Κρίτων Leg. XII 969a ὦ Κλεινία — κλέος ἀρεῖ (Vermehren Plat. Stud. 38). Auch in anderer Weise spielt Plato gern mit Eigennamen: Phaedr. 234d καὶ τοῦτο ἐγὼ ἔπαθον διὰ σέ, ὦ Φαῖδρε, πρός σὲ ἀποβλέπων, ὅτι ἐμοὶ ἐδόκεις γάνυσθαι, wo mit γάνυσθαι auf φαιδρός angespielt wird. Gorg. 481d wird der athenische Demos, und Demos, der Sohn des Pyrilampes, zusammengestellt. Gorg. 463e Πῶλος ὅδε νέος ἐστὶ καὶ ὀξύς sind die Prädikate νέος und ὀξύς wohl mit einer Anspielung auf πῶλος gewählt Boeckh Kl. Schr. VII 77. Symp. 198c giebt ihm der Name Gorgias Anlass, auf Gorgo hinzuzielen. Auch bei Nichteigennamen wendet Plato die Paronomasie an Lach. 188b οὐδὲν ἀηθὲς οὐδ' αὖ ἀηδές.

3 τὸ εἰκός. Oft ist es gleichgültig, welcher von den zwei zusammengestellten Begriffen als Subjekt oder als Prädikat behandelt wird: Leg. IV 716e παρὰ δὲ μιαροῦ δῶρα οὔτε ἄνδρα ἀγαθὸν οὔτε θεόν ἐστι ποτὲ τό γε ὀρθὸν δέχεσθαι. So steht auch ὡς τὸ εἰκός, ὥσπερ τὸ δίκαιον ohne Infinitiv.

6 ἀφ' Ἑστίας. Im Vorausgehenden war ironisch gesagt worden, dass Meletos, der so (d. h. mit der Klage gegen Sokrates) angefangen, sich um das Vaterland verdient machen werde. In seiner Antwort entgegnet Euthyphro, Meletos fange an, das Vaterland zu schädigen, indem er noch den Anfang durch eine, wie ἀτεχνῶς zeigt, sprichwörtliche Redensart als einen Anfang, wie er es zur Erreichung des Ziels sein muss, charakterisiert. Zu dieser Bedeutung gelangt die Redensart ἀφ' Ἑστίας ἄρχεσθαι dadurch, dass alle Opferhandlungen mit einem Opfer für die Hestia begonnen werden. Also der rechte Anfang beim Opfer wird zum rechten Anfang überhaupt. Möglich ist, dass der etymologisierende Euthyphro zugleich ein Wortspiel von Ἑστία und ἰστία beabsichtigt.

καί μοι λέγε, τί καὶ ποιοῦντά σέ φησι διαφθείρειν τοὺς νέους;

ΣΩ. Ἄτοπα, ὦ θαυμάσιε, ὡς οὕτω γ᾽ ἀκοῦσαι. φησὶ B γάρ με ποιητὴν εἶναι θεῶν, καὶ ὡς καινοὺς ποιοῦντα
5 θεούς, τοὺς δ᾽ ἀρχαίους οὐ νομίζοντα, ἐγράψατο τούτων αὐτῶν ἕνεκα, ὥς φησιν.

ΕΥΘ. Μανθάνω, ὦ Σώκρατες· ὅτι δὴ σὺ τὸ δαιμόνιον φῂς σαυτῷ ἑκάστοτε γίγνεσθαι. ὡς οὖν καινοτο-

Preuner Hestia 17 Preller Gr. Myth. I (1872) 347.

1 τί καί. Neben vielen andern Dingen, die Sokrates thut, soll er nach Meletos' Angabe auch noch das thun, dass er die Jugend verdirbt. καί deutet also hier an, dass man den durch καί hervorgehobenen Begriff nicht erwartet. Vgl. 6b.

3 ὡς οὕτω γ᾽ ἀκοῦσαι. Ebenso noch Lys. 216a ὡς γε οὑτωσὶ ἀκοῦσαι, einmal ohne ὡς Phileb. 12c ἔστι γάρ, ἀκούειν μὲν οὕτως, ἁπλῶς ἕν τι. Im ersten Fall ist der Massstab, auf dem das Urteil beruht, bestimmter hervorgehoben.

φησί. Apol. 24b Σωκράτη φησὶν ἀδικεῖν τούς τε νέους διαφθείροντα καὶ θεοὺς οὓς ἡ πόλις νομίζει, οὐ νομίζοντα, ἕτερα δὲ καινὰ δαιμόνια. An unserer Stelle macht das ποιεῖν, ποιητής, erfinden, Erfinder (Xen. Cyr. 1, 6, 38 δεῖ δὴ — οὐχ οἷς ἂν μάθῃς τούτοις μόνοις χρῆσθαι, ἀλλὰ καὶ αὐτὸν ποιητὴν εἶναι τῶν πρὸς τοὺς πολεμίους μηχανημάτων) die Anklage noch gehässiger.

5 νομίζοντα. „Das Wort, welches das Glauben, und zwar zunächst und vorzugsweise das religiöse Glauben bezeichnet, νομίζειν, bedeutet eigentlich „als Sitte oder Herkommen anerkennen," ein Umstand, durch den seine Anwendung in dem Gesetze, auf das die Anklage gegen Sokrates sich stützte, eine eigentümliche Doppelbedeutung erhielt, denn es konnte darin ebensowohl auf die von der vaterländischen Sitte geforderte Teilnahme an dem Kultus der Staatsgötter, als auf ihr Fürwahrhalten ihrer Existenz bezogen werden." L. Schmidt Ethik II 48.

6 ὥς φησιν. Mit φησίν beginnt der Satz, mit ὥς φησιν kehrt der Satz zum Anfang zurück (Palindromie der Periode). nov. comm. 10 Vgl. zu 13 d.

7 ὅτι δή. Der Satz mit ὅτι δή enthält die Begründung zu dem Satz mit φησὶ γάρ.

τὸ δαιμόνιον. In der Anklage musste das δαιμόνιον so verstanden worden sein, als ob es sich um eine von den Staatsgöttern verschiedene Gottheit handle, deren Einführung Sokrates beschuldigt wird. Allein der Richtigkeit dieser Annahme widerspricht schon die genauere Bezeichnung des δαιμόνιον als eines σημεῖον Euthyd. 272e ἐγένετο τὸ εἰωθὸς σημεῖον τὸ δαιμόνιον Phaedr. 242b τὸ δαιμόνιόν τε καὶ τὸ εἰωθὸς σημεῖον und Apol. 31d als einer Stimme, ἣ ὅταν γένηται, ἀεὶ ἀποτρέπει με τοῦτο ὃ ἂν μέλλω πράττειν, προτρέπει δὲ οὔποτε. Das δαιμόνιον ist das individuelle, von klarer Einsicht getrennte Gefühl, durch das Sokrates von einer Handlung abgehalten wurde. Zeller Philos. d. Gr. II³ 68—84.

8 ἑκάστοτε, bei jeder Gelegenheit. Lach. 181a ὑδ᾽ ἐστὶ Σωκράτης, περὶ οὗ ἑκάστοτε μέμνησθε;

γίγνεσθαι ist der technische Ausdruck von dem Auftreten des δαιμόνιον bei Sokrates.

μοῦντός σου περὶ τὰ θεῖα γέγραπται ταύτην τὴν γραφήν, καὶ ὡς διαβαλῶν δὴ ἔρχεται εἰς τὸ δικαστήριον, εἰδὼς ὅτι εὐδιάβολα τὰ τοιαῦτα πρὸς τοὺς πολλούς. καὶ ἐμοῦ γάρτοι, ὅταν τι λέγω ἐν τῇ ἐκκλησίᾳ περὶ τῶν θείων, προλέγων αὐτοῖς τὰ μέλλοντα, καταγελῶσιν ὡς μαινομένου. καίτοι οὐδὲν ὅ τι οὐκ ἀληθὲς εἴρηκα ὧν προεῖπον, ἀλλ' ὅμως φθονοῦσιν ἡμῖν πᾶσι τοῖς τοιούτοις. ἀλλ' οὐδὲν αὐτῶν χρὴ φροντίζειν, ἀλλ' ὁμόσε ἰέναι.

ΣΩ. Ὦ φίλε Εὐθύφρον, ἀλλὰ τὸ μὲν καταγελασθῆναι ἴσως οὐδὲν πρᾶγμα. Ἀθηναίοις γάρτοι, ὡς ἐμοὶ δοκεῖ, οὐ σφόδρα μέλει, ἄν τινα δεινὸν οἴωνται εἶναι, μὴ μέντοι διδασκαλικὸν τῆς αὑτοῦ σοφίας· ὃν δ' ἂν καὶ ἄλλους οἴωνται ποιεῖν τοιούτους, θυμοῦνται, εἴτ' οὖν φθόνῳ, ὡς σὺ λέγεις, εἴτε δι' ἄλλο τι.

ΕΥΘ. Τούτου οὖν πέρι ὅπως ποτὲ πρὸς ἐμὲ ἔχουσιν, οὐ πάνυ ἐπιθυμῶ πειραθῆναι.

ΣΩ. Ἴσως γὰρ σὺ μὲν δοκεῖς σπάνιον σεαυτὸν παρέ-

Theaet. 151 a τὸ γιγνόμενόν μοι δαιμόνιον Phaedr. 242 b Euthyd. 272 e.

8 καινοτομοῦντος, bergmännischer Ausdruck „einen neuen Gang anschürfen." Oft im übertragenen Sinne z. B. Dem. 59, 75 ἵνα τὰ νομιζόμενα γίγνηται τοῖς θεοῖς εὐσεβῶς καὶ μηδὲν καταλύηται μηδὲ καινοτομῆται. „Apud Platonem semper dicitur de pravo novandi studio — atque hic usus omnino praevaluit." Stallb. Leg. II 656 e.

6 καίτοι — ἀλλ' ὅμως. Durch καίτοι wird ein konzessiver Satz eingeleitet, der sowohl zu dem Vorausgehenden als zu dem Nachfolgenden Beziehungen hat. Ebenso Phaedo 68 e.

7 τοῖς τοιούτοις, uns, die wir solche Sachen verstehen. In τοῖς τοιούτοις liegt der Grund für den Neid.

8 ὁμόσε kommt von ὁμός = ὁ αὐτός und kann demnach umschrieben werden mit εἰς ταὐτόν, wie ὁμοῦ mit ἐν ταὐτῷ und ὁμόθεν mit ἐκ ταὐτοῦ. Sonach erklärt sich ὁμόσε (τινί) ἰέναι =

εἰς τὸν αὐτὸν τόπον (τινί) ἐλθεῖν, losgehen (auf einen), einen angreifen, einem die Stirn bieten Cobet nov. lect. 99.

9 ὦ φίλε Εὐθύφρον, ἀλλά. Die Stellung des Vokativs vor ἀλλά hat eine Analogie in der Stellung des Vokativs vor δέ. Euthyd. 293 b ὦ μακάριε, ἦν δ' ἐγώ, ἔστι δὲ ἐπὶ σοὶ τοῦτο; Leg. X 890 d ὦ προθυμότατε, τί δ' οὐ χαλεπά; Phileb. 48 d ὦ Πρώταρχε, πειρῶ δὲ αὐτὸ τοῦτο τριχῇ τέμνειν. Vgl. comm. Plat. 104.

τὸ μὲν καταγελασθῆναι. Der Gedanke ist allgemein gefasst, bezieht sich aber, wie die nachfolgende Gedankenreihe zeigt, zunächst auf Euthyphro.

10 οὐδὲν πρᾶγμα, hat keine Bedeutung, keine weiteren Folgen. Vgl 3 e 4 d Lach. 200 a οὐδὲν οἴει σὺ ἔτι πρᾶγμα εἶναι. Arist. Frösche 1215 ἀλλ' οὐδὲν ἔσται πρᾶγμα Eurip. Med. 451 κἀμοὶ μὲν οὐδὲν πρᾶγμα Xen. Anab. 6, 4, 8 ἔλεγον ὅτι οὐδὲν εἴη πρᾶγμα.

15 τούτου, nämlich in Bezug auf das διδασκαλικὸν τῆς αὑτοῦ σοφίας εἶναι.

χειν καὶ διδάσκειν οὐκ ἐθέλειν τὴν σεαυτοῦ σοφίαν· ἐγὼ
δὲ φοβοῦμαι μὴ ὑπὸ φιλανθρωπίας δοκῶ αὐτοῖς ὅ τι
περ ἔχω ἐκκεχυμένως παντὶ ἀνδρὶ λέγειν, οὐ μόνον ἄνευ
μισθοῦ, ἀλλὰ καὶ προστιθεὶς ἂν ἡδέως, εἴ τίς μου ἐθέλοι
5 ἀκούειν. εἰ μὲν οὖν, ὃ νυνδὴ ἔλεγον, μέλλοιέν μου κατα-
γελᾶν, ὥσπερ σὺ φῂς σαυτοῦ, οὐδὲν ἂν εἴη ἀηδὲς παί- E
ζοντας καὶ γελῶντας ἐν τῷ δικαστηρίῳ διαγαγεῖν, εἰ δὲ
σπουδάσονται, τοῦτ᾽ ἤδη ὅπῃ ἀποβήσεται ἄδηλον πλὴν
ὑμῖν τοῖς μάντεσιν.
10 ΕΥΘ. Ἀλλ᾽ ἴσως οὐδὲν ἔσται, ὦ Σώκρατες, πρᾶγμα,
ἀλλὰ σύ τε κατὰ νοῦν ἀγωνιεῖ τὴν δίκην, οἶμαι δὲ καὶ
ἐμὲ τὴν ἐμήν.

4 μισθοῦ. Durch diese Verzichtleistung auf Honorar stellt sich Sokrates in scharfen Gegensatz zu den Sophisten, welche sich für ihre Lehrthätigkeit bezahlen liessen. Apol. 19 de 31 b 33 b. Zeller Philos. d. Gr. I⁴ 971.

προστιθείς absolut „zulegend;" Rp. I 339 b ξυμφέρον γέ τι εἶναι καὶ ἐγὼ ὁμολογῶ τὸ δίκαιον, σὺ δὲ προστιθεὶς καὶ αὐτὸ φῂς εἶναι τὸ τοῦ κρείττονος Theaet. 155 a (φήσομεν) ᾧ μήτε προστιθοῖτο μήτε ἀφαιροῖτο, τοῦτο μήτε αὐξάνεσθαί ποτε μήτε φθίνειν, ἀεὶ δὲ ἴσον εἶναι;

8 ὅπῃ. Ein Kritiker verlangt ὅποι statt ὅπῃ. Allein hier handelt es sich um die Art und Weise des Ausgangs. Lys. 206 a τὸ μέλλον ὅπῃ ἀποβήσεται Apol. 19 a τοῦτο μὲν ἴτω ὅπῃ τῷ θεῷ φίλον. Auch τοιοῦτον, οἷον ἀποβαίνειν wird gesagt.

πλήν. Man könnte im Vorausgehenden παντὶ erwarten, wie Rp. VII 529 a ἴσως παντὶ δῆλον πλὴν ἐμοί. Allein ähnlich Soph. Philoct. 774 οὐ δοθήσεται πλὴν σοί τε κἀμοί Leg. II 660 b ἐγὼ — πλὴν παρ᾽ ἡμῖν ἢ παρὰ Λακεδαιμονίοις, ἃ σὺ νῦν λέγεις, οὐκ οἶδα πραττόμενα.

11 σύ τε — οἶμαι δέ. Von der Aneinanderreihung geht durch ein leichtes Anakoluth die Rede zum Gegensatz über. Symp. 186 e ᾗ τε ἰατρικὴ κυβερνᾶται, ὡσαύτως δὲ καὶ γυμναστικὴ καὶ γεωργία Rp. III 394 c ἔν τε τῇ τῶν ἐπῶν ποιήσει, πολλαχοῦ δὲ καὶ ἄλλοθι.

καὶ ἐμέ. Symp. 176 a οἶμαι δὲ καὶ ὑμῶν τοὺς πολλούς Apol. 25 e οἶμαι δὲ οὐδὲ ἄλλον ἀνθρώπων οὐδένα Lach. 180 a οἶμαι δὲ καὶ Λάχητα τόνδε Rp. VI 492 e οἶμαι μὲν οὐδένα. Da οἶμαι ohne auf die Konstruktion des Satzes Einfluss zu üben zu dem Satze treten kann, so kommt nach der Formel auch der Nominativ vor. Cratyl. 402 b οἶμαι δὲ καὶ Ἡσίοδος Rp. X 608 d οἶμαι δὲ καὶ σύ. Leg. I 647 a οἶμαι δὲ καὶ πάντες. Wegen des ἐμέ ist zu bemerken, dass auch in vollständigen Sätzen (wobei wir von den Beispielen absehen, wo im abhängigen Satz der Gegensatz die Setzung des Subjekts der ersten Person nötig macht), dasselbe erscheint: Symp. 175 e οἶμαι γάρ με πληρωθήσεσθαι Charm. 173 a οἶμαι μὲν ληρεῖν με Soph. 234 e οἶμαι δὲ καὶ ἐμὲ τῶν ἔτι πόρρωθεν ἀφεστηκότων εἶναι Rp. III 400 b οἶμαι δέ με ἀκηκοέναι οὐ σαφῶς Euthyd. 290 a ἀλλ᾽ ἐμὲ οἶμαι πυρῆκέναι [Apol. 36 b ἡγησάμενος ἐμαυτὸν ἐπιεικέστερον εἶναι].

ΣΩ. Ἔστιν δὲ δή σοι, ὦ Εὐθύφρον, τίς ἡ δίκη; φεύγεις αὐτὴν ἢ διώκεις;
ΕΥΘ. Διώκω.
ΣΩ. Τίνα;
ΕΥΘ. Ὃν διώκων αὖ δοκῶ μαίνεσθαι.
ΣΩ. Τί δέ; πετόμενόν τινα διώκεις;
ΕΥΘ. Πολλοῦ γε δεῖ πέτεσθαι, ὅς γε τυγχάνει ὢν εὖ μάλα πρεσβύτης.
ΣΩ. Τίς οὗτος;
ΕΥΘ. Ὁ ἐμὸς πατήρ.
ΣΩ. Ὁ σός, ὦ βέλτιστε;
ΕΥΘ. Πάνυ μὲν οὖν.
ΣΩ. Ἔστιν δὲ τί τὸ ἔγκλημα καὶ τίνος ἡ δίκη;
ΕΥΘ. Φόνου, ὦ Σώκρατες.
ΣΩ. Ἡράκλεις! ἦ που, ὦ Εὐθύφρον, ἀγνοεῖται ὑπὸ τῶν πολλῶν ὅπῃ ποτὲ ὀρθῶς ἔχει ••• . οὐ γὰρ οἶμαί γε

---

1 φεύγειν und διώκειν verhalten sich wie ἐκβάλλειν — ἐκπίπτειν, κακῶς λέγειν — κακῶς ἀκούειν, ποιεῖν — πάσχειν, αἰτιᾶσθαι — αἰτίαν ἔχειν, ἀποκτείνειν — ἀποθνήσκειν, πράγματα παρέχειν — πράγματα ἔχειν. Cobet mnemos. XI (1862) 113. — Über den Acc. bei φεύγειν Kr. 52, 3, 3.
5 αὖ weist auf 3 c (24,5) zurück.
6 τί δέ. Die Überlieferung schwankt öfters in unsern Quellen zwischen δὲ und δαί. Eine Betrachtung der gesamten Überlieferung führt zu dem Ergebnis, dass τί δαί bei Plato keine rechte Gewähr hat. Vgl. meine Auseinandersetzungen im Philolog. Anzeig. IX 540—43.
πετόμενόν τινα διώκεις. Sokrates macht hier wieder ein Wortspiel, indem er das juristische διώκω im natürlichen Sinne versteht. Auch liegt eine scherzhafte Übertragung der sprichwörtlichen Redensart τὰ πετόμενα διώκειν auf einen Menschen vor. Euthyd. 291 b ἦμεν πάνυ γελοῖοι, ὥσπερ τὰ παιδία τὰ τοὺς κορύδους διώκοντα ἀεὶ ᾠόμεθα κτλ.

7 ὅς γε. Durch die Hervorhebung des Relativums mittels der Partikel γε tritt der Widerspruch, in dem Subjekt und Prädikat stehen, deutlicher hervor. Vgl. oben zu 2 a.
εὖ μάλα Xen. Cyr. VIII 7, 1 μάλα δὴ πρεσβύτης ὤν.
13 ἔγκλημα, Gegenstand der Klage. Meier und Schömann Att. Proc. N. Aufl. 195 Isocr. 16, 2 τὰς δίκας ὑπὲρ τῶν ἰδίων ἐγκλημάτων λαγχάνουσι Dem. 38, 2 ἀδικεῖσθαι δοκῶ καὶ μὴ προσήκοντος ἐγκλήματος φεύγειν δίκην.
15 Ἡράκλεις. Stets bei Plato als Ausdruck des Erstaunens, ohne ὦ noch Lys. 208 e Meno 91 c Charm. 154 d, mit ὦ Rp. I 337a Symp. 213 b Euthyd. 303 a. Ursprünglich wohl ein Ausruf in der Not.
ἀγνοεῖται. Oben war gesagt, dass Euthyphros Handlung die eines Thoren zu sein scheint. Hieran knüpft Sokrates ironisch an.
16 ἔχει. Hier hat ein Ausfall stattgefunden, denn es fehlt zu ὀρθῶς ἔχει das Subjekt, das auch nicht aus dem Vorhergehenden

τοῦ ἐπιτυχόντος ὀρθῶς αὐτὸ πρᾶξαι, ἀλλὰ πόρρω που B
ἤδη σοφίας ἐλαύνοντος.

ΕΥΘ. Πόρρω μέντοι νὴ Δία, ὦ Σώκρατες.

ΣΩ. Ἔστιν δὲ δὴ τῶν οἰκείων τις ὁ τεθνεὼς ὑπὸ τοῦ
5 σοῦ πατρός; ἢ δῆλα δή; οὐ γὰρ ἄν που ὑπέρ γε ἀλλο-
τρίου ἐπεξῄεισθα φόνου αὐτῷ.

ΕΥΘ. Γελοῖον, ὦ Σώκρατες, ὅτι οἴει τι διαφέρειν,
εἴτε ἀλλότριος εἴτε οἰκεῖος ὁ τεθνεώς, ἀλλ' οὐ τοῦτο μό-

entnommen werden kann, ferner hat αὐτὸ keine Beziehung. In der Lücke, die man sich nur durch Ausfall einer Zeile erklären kann, war, wie 9 a zeigt, der Gedanke ausgedrückt τὸ ἐπεξιέναι φόνου τὸν υἱὸν πατρί.

1 τοῦ ἐπιτυχόντος, des nächsten besten, Kr. 50, 4, 2. Ausser ὁ ἐπιτυχών wird auch ὁ προστυχών (im unechten Alcib. II 144b ὁ ἐντυχών) und ὁ τυχών so gebraucht. Vgl. Pflugk-Wecklein zu Eurip. Herc. 1248. T setzt nach ἐπιτυχόντος ein εἶναι hinzu, ganz so wie Phaedo 68 d τὸν θάνατον ἡγοῦνται πάντες οἱ ἄλλοι τῶν μεγάλων κακῶν ebenfalls in T ein εἶναι nach κακῶν hinzugefügt ist; umgekehrt setzt Cratyl. 401 b (29, 28) καταφαίνεταί μοι ἡ θέσις τῶν ὀνομάτων τοιούτων τινῶν ἀνθρώπων B nach καταφαίνεται ein εἶναι hinzu, während in T dasselbe fehlt. Man kann als Grundsatz für Plato aufstellen, dass, wenn eine Quelle das Verbum substantivum hinzusetzt, die andere hinweglässt, der Verdacht der Interpolation begründet ist.

πόρρω. Gorg. 486 a τοὺς πόρρω ἀεὶ φιλοσοφίας ἐλαύνοντας Cratyl. 410 e πόρρω ἤδη οἶμαι φαίνομαι σοφίας ἐλαύνειν. Es liegt beim Genetiv die logische Kategorie des Ganzen vor. Das Gleiche findet statt bei προὔργου.

4 τῶν οἰκείων. Klagen wegen Mord, Totschlag, Verwundung in tödlicher Absicht, d. h. alle δίκαι φονικαί konnte nur der Verwundete selbst oder die Anverwandten des Ermordeten oder Getöteten, oder wenn der Ermordete oder Getötete ein Sklave war, sein Herr anstellen. Auffallend ist daher die Klage des Euthyphro gegen seinen Vater wegen fahrlässiger Tötung eines in ihrem Grundstücke thätig gewesenen Arbeitsmanns (πελάτης). Man hat die Vermutung ausgesprochen, dass jener Arbeiter in einem solchen erblichen Klientelverhältnisse zu Euthyphro gestanden habe, dass er von ihm wie ein wirklicher Sklave vertreten werden konnte. Meier und Schömann N. Aufl. I 199 und Anm. 10. Philippi der Areopag 99.

5 ἢ δῆλα δή; So ist zu interpungieren, denn unsere Stelle unterscheidet sich von solchen wie Prot. 309 a πόθεν, ὦ Σώκρατες, φαίνει; ἢ δῆλα δὴ ὅτι ἀπὸ κυνηγεσίου τοῦ περὶ τὴν Ἀλκιβιάδου ὥραν; nur dadurch, dass der Inhalt des ἢ δῆλα δή vorausgeschickt ist.

οὐ γὰρ ἄν που ὑπέρ γε. In B steht γε nach που. Allein da bei Plato regelmässig γε nicht unmittelbar nach οὐ γάρ που, sondern nach dem betonten Begriff steht, so muss die Lesart von T, in der γε nach ὑπέρ steht, als die allein richtige angesehen werden (Hoefer de part. Plat. 22).

νον δεῖν φυλάττειν, εἴτε ἐν δίκῃ ἔκτεινεν ὁ κτείνας εἴτε
μή, καὶ εἰ μὲν ἐν δίκῃ, ἐᾶν, εἰ δὲ μή, ἐπεξιέναι, ἐάνπερ
C χὠ κτείνας συνέστιός σοι καὶ ὁμοτράπεζος ᾖ. ἴσον γὰρ
τὸ μίασμα γίγνεται, ἐὰν ξυνῇς τῷ τοιούτῳ ξυνειδὼς καὶ
μὴ ἀφοσιοῖς σεαυτόν τε καὶ ἐκεῖνον τῇ δίκῃ ἐπεξιών. 5
ἐπεὶ ὅ γε ἀποθανὼν πελάτης τις ἦν ἐμός, καὶ ὡς ἐγεωρ-

1 ἐν δίκῃ. Statt der Art und Weise, wie sich die Aussage vollzieht, wird die Sphäre bezeichnet, in der sich die Aussage bewegt. Apol. 27b ἐὰν ἐν τῷ εἰωθότι τρόπῳ τοὺς λόγους ποιῶμαι.
ἔκτεινεν ὁ κτείνας, eine bei Plato häufig vorkommende Ausdrucksweise, durch die „man das Subjekt eben nicht weiter charakterisieren will, als insoweit, dass es die gerade besprochene Handlung vollzieht." Hertlein zu Xen. Cyr. 8, 6, 2. Plat. Apol. 20d ταυτί μοι δοκεῖ δίκαια λέγειν ὁ λέγων. Unten 8e ἀμφισβητοῦσιν οἱ ἀμφιβητοῦντες. Die Struktur verdankt dem Streben der Griechen, ein persönliches Subjekt zu erhalten, ihre Entstehung.
2 ἐᾶν — ἐπεξιέναι. Dem. 23,43 εἰ μὲν ἐάσομεν ὑμᾶς τούτων συμβάντων, οὐ καθαροῖς οὖσιν ὁμοῦ διατρίψομεν, εἰ δ' ἐπέξιμεν, οἷς ἐγνώκαμεν αὐτοὶ τἀναντία πράττειν ἀναγκασθησόμεθα (Zingerle).
ἐάνπερ kann bei Plato nur heissen „in dem Fall," nicht „selbst in dem Fall." Durch blosses ἐάνπερ würde also die Verfolgung nur auf den Fall eingeschränkt, dass der Thäter ein Herd- und Tischgenosse ist. Allein diese Einschränkung steht im Widerspruch mit den Worten 5d ἐάν τε πατὴρ ὢν τυγχάνῃ ἐάν τε μήτηρ ἐάν τε ἄλλος ὁστισοῦν und mit 5e μὴ ἐπιτρέπειν τῷ ἀσεβοῦντι μηδ' ἂν ὁστισοῦν τυγχάνῃ ὤν und ist auch gar nicht im Sinne Euthyphros. Der Widerspruch wird beseitigt und der passende Gedanke hergestellt, wenn ein καὶ nach ἐάνπερ hinzugefügt wird. Thuk. I 69, 2 οὐ γὰρ ὁ δουλωσάμενος ἀλλ' ὁ δυνάμενος μὲν παῦσαι, περιορῶν δὲ ἀληθέστερον αὐτὸ δρᾷ, εἴπερ καὶ τὴν ἀξίωσιν τῆς ἀρετῆς ὡς ἐλευθερῶν τὴν Ἑλλάδα φέρεται Soph. El. 591 ἦ καὶ τοῦτ' ἐρεῖς, ὡς τῆς θυγατρὸς ἀντίποινα λαμβάνεις; αἰσχρῶς, ἐάνπερ καὶ λέγῃς. Am leichtesten erklärt sich der Ausfall, wenn wir für καὶ ὁ die Krasis einführen χὠ; denn dass die Krasen vielfach Anlass zu Verderbnissen darboten, ist bekannt. (Vgl. Phaedr. 523a (36, 27) κἂν überliefert für χἂν)..
4 μίασμα. Über die Übertragung des μίασμα auf solche, mit denen der Schuldige in Berührung kommt, vgl. Antiph. Tetral. I, 1, 10 ἀσύμφορον ὑμῖν ἐστὶ τόνδε μιαρὸν καὶ ἄναγνον ὄντα εἴς τε τὰ τεμένη τῶν θεῶν εἰσιόντα μιαίνειν τὴν ἁγνείαν αὐτῶν ἐπί τε τὰς αὐτὰς τραπέζας ἰόντα συγκαταπιμπλάναι τοὺς ἀναιτίους. L. Schmidt Ethik I 125 fg.
τῷ τοιούτῳ bezieht sich sowohl auf ξυνῇς als ξυνειδώς.
6 ἐπεί — γε, wiewohl, freilich. Zu 9b.
πελάτης, Taglöhner, vgl. 15d. Lohnarbeit war bei den Griechen sehr verachtet „und im allgemeinen scheint man solche Taglöhner nicht besser behandelt zu haben als die Sklaven." Büchsenschütz Besitz und Erwerb 345.
ἐγεωργοῦμεν. 473 oder 472 wurde Naxos in Unterthänigkeit gebracht (Thuk. I 98) und wurden Kolonisten (Kleruchen) hingeschickt; Krüger Krit. Stud. I 33;

γοῦμεν ἐν τῇ Νάξῳ, ἐθήτευεν ἐκεῖ παρ' ἡμῖν. παροινήσας
οὖν καὶ ὀργισθεὶς τῶν οἰκετῶν τινι τῶν ἡμετέρων ἀπο-
σφάττει αὐτόν· ὁ οὖν πατὴρ συνδήσας τοὺς πόδας καὶ
τὰς χεῖρας αὐτοῦ, καταβαλὼν εἰς τάφρον τινά, πέμπει
5 δεῦρο ἄνδρα πευσόμενον τοῦ ἐξηγητοῦ ὅ τι χρείη ποιεῖν.
ἐν δὲ τούτῳ τῷ χρόνῳ τοῦ δεδεμένου ὠλιγώρει τε καὶ D
ἠμέλει ὡς ἀνδροφόνου καὶ οὐδὲν ὂν πρᾶγμα, εἰ καὶ ἀπο-
θάνοι· ὅπερ οὖν καὶ ἔπαθεν. ὑπὸ γὰρ λιμοῦ καὶ ῥίγους
καὶ τῶν δεσμῶν ἀποθνήσκει, πρὶν τὸν ἄγγελον παρὰ τοῦ
10 ἐξηγητοῦ ἀφικέσθαι. ταῦτα δὴ οὖν καὶ ἀγανακτεῖ ὅ τε
πατὴρ καὶ οἱ ἄλλοι οἰκεῖοι, ὅτι ἐγὼ ὑπὲρ τοῦ ἀνδροφόνου τῷ πατρὶ φόνου ἐπεξέρχομαι, οὔτε ἀποκτείναντι, ὡς

als solcher musste Euthyphros Vater das γεωργεῖν ausgeübt haben. Nach der Schlacht bei Aigospotamoi Frühjahr (404) wurde Athen gezwungen, seine Kleruchien aufzugeben.

2 τῶν οἰκετῶν τινι τῶν ἡμετέρων. Bekannt ist die Stellung τῶν ἡμετέρων τινὶ οἰκετῶν Kr. 47, 9, 20 Phaedr. 274c τῶν ἐκεῖ παλαιῶν τινὰ θεῶν; nach dieser Analogie unsere Stellung. Apol. 33d τῶν οἰκείων τινὰς τῶν ἐκείνων Aeschin. 2, 157 τῶν ἑταίρων τις τῶν Φιλίππου.

5 τοῦ ἐξηγητοῦ, des Rechtsweisers. „Das delphische Orakel hatte seine ständigen Vertreter in Athen, die eupatridischen Exegeten, welche mit der Auslegung der apollinischen Sprüche die Weisung der heiligen Satzungen im gottesdienstlichen Stammes- und Familienrecht, besonders die Sühne des Totschlags, endlich die Deutung der Himmelszeichen bei allen besonderen Ereignissen des öffentlichen und häuslichen Lebens verbanden und den ganzen Schatz frommer Rechtsbräuche verwalteten, welche man als τὰ πάτρια τῶν Εὐπατριδῶν bezeichnet." Schöll Hermes VI 36. Da hier und 4d von einem Exegeten, 9a von mehreren die Rede ist, so ist an ein Kollegium zu denken, in dessen Namen einer die Unterweisung giebt.

6 ὠλιγώρει τε καὶ ἠμέλει, Verstärkung des Begriffs durch die positive und negative Fassung desselben.

7 καὶ (ὡς) οὐδὲν ὂν πρᾶγμα. An das Participium coniunctum ist das Participium absolutum (Acc.) angeschlossen wie unten mit δεῖν. Xen. Cyrop. 6, 2, 8 οὕτως εἶχε τὴν γνώμην, ὡς ἤδη παντελῶς κεκρατηκὼς καὶ οὐδὲν ὄντα τὰ τῶν πολεμίων. Gen. und Acc. absolut. sind miteinander verbunden Rp. X 604b ὡς οὔτε δήλου ὄντος τοῦ ἀγαθοῦ τε καὶ κακοῦ τῶν τοιούτων, οὔτε εἰς τὸ πρόσθεν οὐδὲν προβαῖνον τῷ χαλεπῶς φέροντι.

εἰ καί. Mit καί wird ἀποθάνοι als das Äusserste bezeichnet.

8 ὅπερ οὖν καί, was in der That auch. Euthyd. 283a ὅπερ οὖν καὶ συνέβη ἡμῖν Rp. VIII 564c ὥσπερ οὖν καὶ ἔχει Charm. 155b ὅπερ οὖν καὶ ἐγένετο.

9 ἀποθνήσκει, die richtige Schreibung nach Usener Jahrb. f. Phil. 1865 p. 245.

10 ταῦτα, deshalb. Im Griechischen ist die Kategorie des Grundes nicht ausgedrückt, sondern allgemein der Inhalt des Zürnens angegeben. Dem. 54, 15 τοῦτ' ἀγανακτήσαιμ' ἄν Protag.

φασιν ἐκεῖνοι, οὔτ᾽ εἰ ὅ τι μάλιστα ἀπέκτεινεν, ἀνδροφόνου γε ὄντος τοῦ ἀποθανόντος, οὐ δεῖν φροντίζειν ὑπὲρ τοῦ τοιούτου· ἀνόσιον γὰρ εἶναι τὸ ὑὸν πατρὶ φόνου ἐπεξιέναι· κακῶς εἰδότες, ὦ Σώκρατες, τὸ θεῖον ὡς ἔχει τοῦ ὁσίου τε πέρι καὶ τοῦ ἀνοσίου. 5

ΣΩ. Σὺ δὲ δὴ πρὸς Διός, ὦ Εὐθύφρον, οὑτωσὶ ἀκριβῶς οἴει ἐπίστασθαι περὶ τῶν θείων, ὅπῃ ἔχει, καὶ τῶν ὁσίων τε καὶ ἀνοσίων, ὥστε τούτων οὕτω πραχθέντων, ὡς σὺ λέγεις, οὐ φοβεῖ δικαζόμενος τῷ πατρί, ὅπως μὴ αὖ σὺ ἀνόσιον πρᾶγμα τυγχάνῃς πράττων; 10

ΕΥΘ. Οὐδὲν γὰρ ἄν μου ὄφελος εἴη, ὦ Σώκρατες,

310e αὐτὰ ταῦτα καὶ νῦν ἥκω (Cobet var. lect. 623).

1 εἰ ὅ τι μάλιστα, wenn wirklich; ὅ τι μάλιστα enthält keine Steigerung der Aussage in solchen Sätzen, sondern bezieht sich auf die Geltung derselben; also etwa zu verdeutlichen mit „wenn es noch so wahr ist." Gomperz Sitzungsber. der W. Ak. 83 (1867) 568. Die Struktur ist ausgegangen von den Fällen (z.B. 9 c), wo die Natur des Verbums eine Steigerung zulässt.

2 οὐ nimmt wegen mehrerer eingeschobener Worte die in οὔτε ausgedrückte Negation wieder auf.

δεῖν ist Participium und verhält sich zu δέον wie πλεῖν zu πλέον. So steht es auch Charm. 164 d καὶ γὰρ τοῦτο οὕτω μοι δοκεῖ τὸ γράμμα ἀνακεῖσθαι, ὡς δὴ πρόσρησις οὖσα τοῦ θεοῦ τῶν εἰσιόντων ἀντὶ τοῦ χαῖρε, ὡς τούτου μὲν οὐκ ὀρθοῦ ὄντος τοῦ προσρήματος οὐδὲ δεῖν τοῦτο παρακελεύεσθαι ἀλλήλοις ἀλλὰ σωφρονεῖν. Hertlein Jahrb. f. Philol. 1867 p. 474, Usener l. c. 1872 p. 744 Diels Hermes VIII 8.

3 ἀνόσιον — ἐπεξιέναι. Diese Begründung passt nicht in den Zusammenhang; denn die Gründe, aus denen die Angehörigen des Euthyphro über seine Klage gegen seinen Vater erzürnt sind, finden sich in den Participialsätzen angegeben. Ich halte die Worte für eine Randbemerkung. Streicht man die Worte, so schliesst sich auch κακῶς εἰδότες leichter an das vorausgegangene φασιν an.

4 τὸ θεῖον ὡς ἔχει ist sehr auffällig. Ich vermute, dass die Worte ursprünglich τὸ ὅσιον ὡς ἔχει lauteten (ὅσιον und θεῖον werden sehr häufig miteinander verwechselt), eine Randbemerkung bildeten und alsdann irrtümlich in den Text gedrungen sind.

9 φοβεῖ. Über die Anklage Verwandter spricht sich Plato Gorg. 480 b κατηγορεῖν δεῖν μάλιστα μὲν ἑαυτοῦ, ἔπειτα δὲ καὶ τῶν οἰκείων καὶ τῶν ἄλλων, ὅς ἂν ἀεὶ τῶν φίλων τυγχάνῃ ἀδικῶν, καὶ μὴ ἀποκρύπτεσθαι, ἀλλ᾽ εἰς τὸ φανερὸν ἄγειν τὸ ἀδίκημα, ἵνα δῷ δίκην καὶ ὑγιὴς γένηται in einer Weise aus, die von der vorsichtigen Behandlung des Euthyphro'schen Falles absticht. Wilamowitz Philol. Unters. I 219, 2.

ὅπως μή. Der Befürchtungssatz ist nach Analogie eines unvollständigen Finalsatzes (bei ἐπιμελεῖσθαι, σπουδάζειν u. dgl.) konstruiert. So noch Phaedo 77 b 84 b Symp. 193 a (Alcib. II 150 b). Weber Absichtssätze in Schanz Beitr. II 50.

11 οὐδὲν γὰρ ἄν μου ὄφελος. Überliefert ist μοι; der Dativ ist hier nicht zulässig,

οὐδέ τῳ ἂν διαφέροι Εὐθύφρων τῶν πολλῶν ἀνθρώπων, 5
εἰ μὴ τὰ τοιαῦτα πάντα ἀκριβῶς εἰδείην.

ΣΩ. Ἆρ᾽ οὖν μοι, ὦ θαυμάσιε Εὐθύφρον, κράτιστόν
ἐστι μαθητῇ σῷ γενέσθαι καὶ πρὸ τῆς γραφῆς τῆς πρὸς
5 Μέλητον αὐτὰ ταῦτα προκαλεῖσθαι αὐτὸν λέγοντα, ὅτι
ἔγωγε καὶ ἐν τῷ ἔμπροσθεν χρόνῳ τὰ θεῖα περὶ πολλοῦ
ἐποιούμην εἰδέναι, καὶ νῦν ἐπειδή με ἐκεῖνος αὐτοσχεδιά-
ζοντά φησι καὶ καινοτομοῦντα περὶ τῶν θείων ἐξαμαρτάνειν, μαθητὴς δὴ γέγονα σός — καὶ εἰ μέν, ὦ Μέλητε,
10 φαίην ἄν, Εὐθύφρονα ὁμολογεῖς σοφὸν εἶναι τὰ τοιαῦτα, B
καὶ ὀρθῶς νομίζειν ἐμὲ ἡγοῦ καὶ μὴ δικάζου· εἰ δὲ μή,

weil dies heissen würde „ich habe keinen Nutzen;" allein hier ist nur der Gedanke passend: ich bin zu nichts nütze; diesen Gedanken erhalten wir durch ὄφελός μου οὐδέν ἐστιν, es findet kein Nutzen von mir statt. Kr. 47, 6, 3.

1 Εὐθύφρων — εἰδείην. Euthyphro spricht plötzlich von sich wie von einer dritten Person, um sich besonders hervortreten zu lassen. Eine jüngere Hand in T korrigiert εἰδείη; allein die Rückkehr von der dritten Person zu der ersten findet sich öfters. Naber Mnemos.² X 5, Phaedo 91 c σμικρὸν φροντίσαντες Σωκράτους, τῆς δὲ ἀληθείας πολὺ μᾶλλον, ἐὰν μέν τι ὑμῖν δοκῶ ἀληθὲς λέγειν, συνομολογήσατε Dem. 18, 79 οὐδαμοῦ Δημοσθένην γεγράφει οὐδ᾽ αἰτίαν οὐδεμίαν κατ᾽ ἐμοῦ („Bedürft ihr meiner zu bestimmter That, dann ruft den Tell, es soll an mir nicht fehlen." Schiller. Vgl. Vahlen Ind. lect. Berol. 1887—8 p. 8).

3 ἆρ᾽ οὖν. Die Frage erwartet hier eine bejahende Antwort, wie das in diesem Fall häufigere ἆρ᾽ οὐ oder ἆρ᾽ οὖν οὐ, vgl. 6a Cratyl. 388 b ἆρ᾽ οὖν (ὀνομάζοντες) διδάσκομέν τι ἀλλήλους καὶ τὰ πράγματα διακρίνομεν ᾗ ἔχει; wozu Heindorf zu vgl. und Krüger Thucyd. 1, 75, 1.

5 προκαλεῖσθαι, ein aussergerichtliches Verfahren vorschla- gen. Der Inhalt (αὐτὰ ταῦτα) dieses Vorschlags (πρόκλησις) bestand darin, dass die Angelegenheit des Sokrates auf Euthyphro, dessen Schüler er mittlerweile geworden ist, abgewälzt wird, so dass Meletos den Euthyphron zu verklagen habe, falls er seine religiösen Lehren nicht billigt. Wurde ein Vorschlag zum Vergleich abgelehnt, so konnte dies natürlich bei der gerichtlichen Verhandlung gegen die ablehnende Partei verwertet werden.

λέγοντα. Der Accusativ schliesst sich an den Infinitiv an, statt an das entfernte μοι. Rp. V 453d οὐκοῦν καὶ ἡμῖν νευστέον καὶ πειρατέον σῴζεσθαι ἐκ λόγου, ἤτοι δελφῖνά τινα ἐλπίζοντας ἡμᾶς ὑπολαβεῖν ἂν ἤ τινα ἄλλην ἄπορον σωτηρίαν;

7 αὐτοσχεδιάζοντα. Mit der Bedeutung „aus dem Stegreif thun" verbindet sich leicht die Bedeutung des Kenntnislosen, Oberflächlichen und Unbedachten. Rp. Lac. 13, 5 ὁρῶν ταῦτα ἡγήσαιο ἂν τοὺς μὲν ἄλλους αὐτοσχεδιαστὰς εἶναι τῶν στρατιωτικῶν, Λακεδαιμονίους δὲ μόνους τῷ ὄντι τεχνίτας τῶν πολεμικῶν.

11 καὶ ὀρθῶς. Gewöhnlich wird mit Interpunktion nach νομίζειν gelesen καὶ ἐμὲ ἡγοῦ. Allein da in B καὶ vor ἐμὲ fehlt, so erscheint es rätlich, vor καὶ zu interpungieren und καὶ ὀρθῶς νο-

ἐκείνῳ τῷ διδασκάλῳ λάχε δίκην πρότερον ἢ ἐμοί, ὡς
τοὺς πρεσβυτέρους διαφθείροντι, ἐμέ τε καὶ τὸν αὐτοῦ
πατέρα, ἐμὲ μὲν διδάσκοντι, ἐκεῖνον δὲ νουθετοῦντί τε
καὶ κολάζοντι — καὶ ἂν μή μοι πείθηται μηδὲ ἀφίῃ τῆς
δίκης ἢ ἀντ' ἐμοῦ γράφηται σέ, αὐτὰ ταῦτα λέγειν ἐν τῷ 5
δικαστηρίῳ ἃ προὐκαλούμην αὐτόν.

ΕΥΘ. Ναὶ μὰ Δία, ὦ Σώκρατες, εἰ ἄρα με ἐπιχειρή-
C σειε γράφεσθαι, εὕροιμ' ἂν, ὡς οἶμαι, ὅπῃ σαθρός ἐστιν,

μίζειν ἐμὲ ἡγοῦ miteinander zu verbinden.

1 λάχε δίκην. Die Redensart λαγχάνειν δίκην eine Klage anhängig machen, bedeutet ursprünglich „die Handhabung des Rechts, einen Rechtshandel erlangen." Einen solchen erlangt man aber, wenn die Behörde, bei der die Klage angebracht wird, dieselbe annimmt. Werden mehre Klagen zu gleicher Zeit angebracht, so wurde vielleicht durch das Los die Ordnung geregelt. Meier und Schömann Att. Proc. 596.

2 διαφθείροντι — διδάσκοντα — νουθετοῦντα — κολάζοντα. So die massgebende Überlieferung, allein die durch Assimilation entstandenen Accusative sind nicht möglich, da hier die Participien lediglich Attribute sind und keine anderweitige Beziehung zulassen.

3 τε καὶ in B, καὶ in T. Wenn gleich die Annahme der Interpolation bei καὶ durch Einschiebung eines τε sehr nahe liegt — schlagendes Beispiel Alcib. I 116 c (21, 15) ὅ τι ἂν ἄρα εὕρωμεν καλόν, καὶ ἀγαθὸν εὑρήσομεν, wo B καλόν, T καλόν τε καὶ hat, vgl. Beispielsammlung zu Cratyl. 434 d (80, 2) — dürfte dieselbe hier doch abzuweisen sein, da der Ausfall des τε nach einer ähnlich klingenden Silbe sich sehr leicht erklärt.

4 καὶ ἄν. Hier verlässt die Rede die direkte Fassung und kehrt zu dem κράτιστόν ἐστι zurück, von dem λέγειν abhängig gemacht wird (Wimmer).

μηδὲ — ἤ. Da es sich für Sokrates darum handelt, dass Meletos entweder seine Klage gegen ihn fallen lässt oder dieselbe gegen Euthyphro richtet, so muss das mit ἤ angeführte Glied noch unter die Negation μηδὲ fallen.

8 εὕροιμ' ἂν — ἂν ἐγένετο. Statt ἂν ἐγένετο bietet T ἂν γένοιτο. Allein wie nach einem Vordersatz mit εἰ und Opt. ein Nachsatz mit Indic. und ἄν folgen kann Xen. Cyr. 2, 1, 9 ἐγὼ μὲν ἂν, εἰ ἔχοιμι, ὡς τάχιστα ὅπλα ἐποιούμην Alcib. I 111 e τί δ' εἰ βουληθεῖμεν εἰδέναι, μὴ μόνον ποῖοί ἄνθρωποί εἰσιν, ἀλλ' ὁποῖοι ὑγιεινοὶ ἢ νοσώδεις, ἆρ' ἱκανοὶ ἂν ἡμῖν ἦσαν διδάσκαλοι οἱ πολλοί; so findet sich in demselben Nachsatz Indic. und Optativ mit ἂν verbunden Xen. Cyneg. 12, 22 εἰ οὖν εἰδεῖεν τοῦτο, ὅτι θεᾶται αὐτοὺς (ἡ ἀρετή), ἵεντο ἂν ἐπὶ τοὺς πόνους καὶ τὰς παιδεύσεις αἷς ἁλίσκεται μόλις, καὶ κατεργάζοιντο ἂν αὐτήν (Bornemann zu Xen. Cyr. 2, 1, 9). Bei εὕροιμ' ἂν ist die Möglichkeit des Findens angedeutet, im zweiten Glied überwiegt der Gedanke „es wird nicht dazu kommen."

σαθρός, wo er seine schwache Seite hat, ursprünglich vom verdorbenen, faulen Fleische des Leibes, dann oft im übertragenen Sinn: Dem. 18, 227 σαθρόν ἐστι φύσει πᾶν ὅ τι ἂν μὴ δικαίως ᾖ πεπραγμένον Gorg. 479 c

καὶ πολὺ ἂν ἡμῖν πρότερον περὶ ἐκείνου λόγος ἐγένετο ἐν τῷ δικαστηρίῳ ἢ περὶ ἐμοῦ.

ΣΩ. Καὶ ἐγώ τοι, ὦ φίλε ἑταῖρε, ταῦτα γιγνώσκων μαθητὴς ἐπιθυμῶ γενέσθαι σός, εἰδὼς ὅτι καὶ ἄλλος 5 πού τις καὶ ὁ Μέλητος οὗτος σὲ μὲν οὐδὲ δοκεῖ ὁρᾶν, ἐμὲ δὲ οὕτως ὀξέως καὶ ῥᾳδίως κατεῖδεν, ὥστε ἀσεβείας ἐγράψατο. νῦν οὖν πρὸς Διὸς λέγε μοι, ὃ νυνδὴ σαφῶς

σαφρᾷ καὶ ἀδίκῳ καὶ ἀνοσίῳ (ψυχῇ).

1 πολύ wird häufig von dem zu ihm gehörigen Komparativ durch eingeschobene Worte getrennt. Xen. Cyr. 6, 4, 8 ἥξειν αὐτῷ σε πολὺ Ἀράσπα ἄνδρα καὶ πιστότερον καὶ ἀμείνονα Hertlein Xen. Cyrop. 1, 3, 2 Kühner Xen. Mem. 2, 10, 2 Schneider Isocr. 4, 101. Vgl. unten zu 14b.

λόγος ohne Artikel, weil hier nicht an die herkömmliche Gerichtsrede gedacht wird, sondern an Rede überhaupt. Vgl. Engelhardt Apol. 176.

5 οὗτος, der gekennzeichnete, jetzt uns bekannte (vom Abwesenden). Hipp. I 282 c ὁ ἡμέτερος ἑταῖρος Πρόδικος οὗτος.

ὁρᾶν — κατεῖδεν. Wiederum ein Wortspiel, das einen spitzen Gegensatz erzeugt.

6 ὀξέως. In T steht nach ὀξέως noch ἀτεχνῶς. Es ist dies Interpolation; wie es scheint, sollte durch ἀτεχνῶς die verstärkende Präposition κατά in καθορᾶν erklärt werden. κατά verstärkt nämlich den Begriff des Verbums, indem „die Phantasie die Bewegung d. i. die Thätigkeit des Verbbegriffs über die ganze Fläche oder Linie hin sich erstreckend (von oben bis unten) auffasst": Rehdantz Index zu Dem. 248.

7 ἐγράψατο. Die Pronomina personalia werden, wenn sie sich leicht aus dem Zusammenhang ergeben, häufig im Griechischen ausgelassen. Spec. crit. 20.

νυνδή. In T steht δή nach ποῖον über der Zeile. Dies erklärt sich vielleicht daraus, dass in der Vorlage des T eine Zeile mit νῦν δή schloss und die nächste die Worte σαφῶς εἰδέναι διισχυρίζου ποῖόν τι umfasste, wodurch δή über τι zu stehen kam. Ein ähnlicher Fehler liegt Cratyl. 437a (83, 16) σκοπῶμεν δὴ ἐξ αὐτῶν ἀναλαβόντες πρῶτον μέν vor, wo in T nach μέν ein von zweiter Hand getilgtes δή steht; auch hier scheint δή das Ende der Zeile und ἐξ — μέν die folgende Zeile gebildet zu haben. (Solche Beobachtungen müssen aber bei Ausfüllung der durch Ausfall einer Zeile entstandenen Lücken verwertet werden.) Es ist hier νυνδή notwendig, das die Bedeutung von „eben, kurz vorher" hat und sogar im Gegensatz zu νῦν steht wie Leg. III 683 e νυνδὴ μὲν τούτοις περιτυχόντες τοῖς λόγοις οὕτω ταῦτ' ἐτίθεμεν, νῦν δ' ἐπιλελήσμεθα. Bei dieser Bedeutung muss νυνδή immer zusammen geschrieben werden, dagegen getrennt, wenn νῦν in seiner eigentlichen Bedeutung steht und durch δή hervorgehoben werden soll. Vgl. 12d Cobet var. lect. 233. In den spätern Dialogen, zu denen aber Euthyphro nicht gehört, erscheint auch νῦν in der Bedeutung von „eben": Leg. XI 932a τοῖς νῦν πεισθεὶς λόγοις XII 960c τὸ νῦν αὖ ῥηθέν Soph. 241c καθάπερ νῦν εἶπες Politic. 290b ὅπερ εἶπες νῦν 270b ἐκ τῶν νῦν λαχθέντων.

εἰδέναι διισχυρίζου· ποῖόν τι τὸ εὐσεβὲς φῂς εἶναι καὶ
D τὸ ἀσεβὲς καὶ περὶ φόνου καὶ περὶ τῶν ἄλλων; ἢ οὐ
ταὐτόν ἐστιν ἐν πάσῃ πράξει τὸ ὅσιον αὐτὸ αὑτῷ, καὶ
τὸ ἀνόσιον αὖ τοῦ μὲν ὁσίου πᾶν τοὐναντίον, αὐτὸ δὲ
αὑτῷ ὅμοιον καὶ ἔχον μίαν τινὰ ἰδέαν κατὰ τὴν ἀνοσιό- 5
τητα πᾶν, ὅ τί περ ἂν μέλλῃ ἀνόσιον εἶναι;
ΕΥΘ. Πάντως δήπου, ὦ Σώκρατες.
ΣΩ. Λέγε δή, τί φῂς εἶναι τὸ ὅσιον καὶ τὸ ἀνόσιον;
ΕΥΘ. Λέγω τοίνυν, ὅτι τὸ μὲν ὅσιόν ἐστιν ὅπερ
ἐγὼ νῦν ποιῶ, τῷ ἀδικοῦντι ἢ περὶ φόνους ἢ 10

1 ποῖόν τι. In der Regel unterscheiden sich ποῖος und ποῖός τις dadurch voneinander, dass ποῖος zum Ausdruck des Unwillens, der Verwunderung dient, ποῖός τις dagegen zur Frage nach der Beschaffenheit, der Natur, dem Charakter einer Sache. Cobet nov. lect. 236.

εὐσεβές. In dem Dialog werden ὅσιος und εὐσεβής ohne Unterschied (wie sich beide unterscheiden, zeigt Schmidt Synonymik IV 345, ὅσιος bezieht sich mehr auf die Gesinnung, εὐσεβής auf die Bethätigung derselben) gebraucht. Hier soll εὐσεβές an die Worte ἀσεβείας ἐγράψατο anklingen.

3 ταὐτόν. Ehe die Bestimmung des Begriffs der Frömmigkeit erfolgt, wird die Möglichkeit, denselben zu gewinnen, durch die Voraussetzung angedeutet, dass dieser Begriff ein sich selbst gleicher, fester, trotz der Vielheit der Erscheinungen, in denen er sich äussert, ist.

αὐτό ist mit αὑτῷ zu verbinden; das Subjekt heben die Griechen bei dem Reflexivpronomen besonders gern hervor. Rp. IX 571 d ὅταν ὑγιεινῶς τις ἔχῃ αὑτὸς αὑτοῦ.

4 πᾶν τοὐναντίον. Überliefert ist παντὸς ἐναντίον. Allein da τὸ ὅσιον ohne Beisatz vorausgeht, erwartet man bei dem vorliegenden scharfen Gegensatz auch bei τοῦ ὁσίου keinen Beisatz, dagegen verträgt ἐναντίον sehr gut die Verstärkung (vgl. unten 7a ἐναντιώτατον) entweder durch πᾶν oder, was noch wahrscheinlicher ist, durch πᾶν τό. Protag. 317b ἐγὼ τούτων τὴν ἐναντίαν ἅπασαν ὁδὸν ἐλήλυθα 332a ἀφροσύνην τι καλεῖς; Ἔφη. Τούτῳ τῷ πράγματι οὐ πᾶν τοὐναντίον ἐστὶν ἡ σοφία; Kr. Anab. I, 5, 1. Über den Genetiv im Sinne von „widersprechend, völlig verschieden" vgl. Kr. 48, 13, 4.

5 ἀνοσιότητα. Auch das ἀνόσιον hat, insofern es ein solches ist (κατὰ τὴν ἀνοσιότητα), eine einheitliche gemeinsame Gestalt, (ἰδέα), einen gemeinsamen Charakter. Bonitz Plat. Stud. 1886 p. 241. Meno 72c κἂν εἰ πολλαὶ καὶ παντοδαπαί εἰσιν (αἱ ἀρεταί), ἕν γέ τι εἶδος ταὐτὸν ἅπασαι ἔχουσιν, δι' ὃ εἰσὶν ἀρεταί.

6 πᾶν. Damit kehrt die Rede zu dem Subjekt τὸ ἀνόσιον zurück, das jetzt in erweiterter Fassung auftritt. Vgl. zu 3b.

9 *Erste Definition der Frömmigkeit.* Dieselbe hat den Fehler, dass eine einzelne fromme Handlung statt des allgemeinen Begriffs der Frömmigkeit gesetzt wird, ein Frommes also mit dem Frommen verwechselt wird.

10 τῷ ἀδικοῦντι ist auffällig wegen des folgenden ἐξαμαρτάνοντι. Ist ἀδικοῦντι echt, so ist ἐξαμαρτάνοντι als Begründung

περὶ ἱερῶν κλοπὰς ἤ τι ἄλλο τῶν τοιούτων
ἐξαμαρτάνοντι ἐπεξιέναι, ἐάν τε πατὴρ ὢν τυγχάνῃ ἐάν τε μήτηρ ἐάν τε ἄλλος ὁστισοῦν, τὸ δὲ E
μὴ ἐπεξιέναι ἀνόσιον· ἐπεί, ὦ Σώκρατες, θέασαι,
5 ὡς μέγα σοι ἐρῶ τεκμήριον τοῦ νομίμου ὅτι οὕτως ἔχει,
ὃ καὶ ἄλλοις ἤδη εἶπον, [ὅτι ταῦτα ὀρθῶς ἂν εἴη οὕτω
γιγνόμενα,] μὴ ἐπιτρέπειν τῷ ἀσεβοῦντι μηδ' ἂν ὁστισοῦν

des *ἀδικοῦντι* aufzufassen. Wahrscheinlich ist aber entweder *ἀδικοῦντι* zu tilgen vgl. Dem. 54, 25 τοὺς ἢ δι' οἶνον ἢ δι' ὀργὴν ἤ τιν' ἄλλην αἰτίαν ἐξαμαρτάνειν ἐπιχειροῦντας oder mit Fischer *καὶ ἢ* zu lesen; Gorg. 460d τῷ ἀδικοῦντι καὶ οὐκ ὀρθῶς χρωμένῳ Theaet. 176d τῷ ἀδικοῦντι καὶ ἀνόσια λέγοντι ἢ πράττοντι.

3 *τὸ δέ*. Bei der Identität des Subjekts und Prädikats kann Wechsel eintreten, zuerst ist *τὸ μὲν ὅσιον* Subjekt, dann *ἀνόσιον* im Gegensatz Prädikat. Zur Epexegese bei *τὸ μέν* vgl. 11a(53,11).

4 *ἐπεί* „denn." Kühner II 964 Anm. 3. Über diese Verbindung des Imperativs mit dem Relativum und den relativen Adverbien *ὥστε, ἐπεί* vgl. Kviçala, Wien. Ak. 45 (1864) 462.

5 *μέγα — τεκμήριον*. magnum argumentum, schlagendes Zeugnis. Gorg. 456b *μέγα δέ σοι τεκμήριον ἐρῶ*.

τοῦ νομίμου. Über die Anticipation vgl. Kr. 61,6,4. Es ist überliefert *τοῦ νόμου*, welches gefasst wird „als allgemeine Annahme" wie *νόμισμα* die allgemein gültige Einrichtung bedeutet. Allein abgesehen davon, dass eine völlig gleiche Belegstelle für diesen Gebrauch fehlt, so kann sich hier Euthyphro nicht auf die allgemeine Meinung für die Beurteilung seines Falls berufen, denn diese geht, trotz der Inkonsequenz, eben dahin, dass sein Vorgehen allgemein verurteilt wird. Es ist daher wol mit Baumann statt *τοῦ νόμου* zu lesen *τοῦ νομίμου*.

τὸ νόμιμον und *τὸ ὅσιον* sind eng verbundene Begriffe: Phaedo 108a ἀπὸ τῶν ὁσίων τε καὶ νομίμων τῶν ἐνθάδε τεκμαιρόμενος λέγω Leg. IX 861d οὐ γὰρ ἂν νόμιμον οὐδ' ὅσιον ἂν εἴη. Cobet var. lect. 357.

6 Stallbaum erklärt *εἶπον* in prägnantem Sinn: „der Beweis, den ich auch andern schon vorführte, um zu zeigen, dass dieses, wenn es so geschieht, recht geschieht," und lässt den Satz mit *μὴ ἐπιτρέπειν* von *οὕτως ἔχει* abhängen. Für die erste Erklärung fehlt mir ein völlig analoges Beispiel. Was den zweiten Punkt anlangt, so ist die Annahme der Abhängigkeit des Satzes mit *μὴ ἐπιτρέπειν* von dem entfernten *οὕτως ἔχει* wegen des eingeschobenen Satzes ebenfalls bedenklich. Den Satz mit *μὴ ἐπιτρέπειν* aber mit einigen Übersetzern auf *οὕτω γιγνόμενα* zu beziehen, scheint sprachlich unzulässig zu sein. Alle Schwierigkeiten werden beseitigt, wenn man den Satz *ὅτι ταῦτα — γιγνόμενα* als eine zu *τοῦ νομίμου ὅτι οὕτως ἔχει* beigeschriebene Erklärung streicht.

7 *ἐπιτρέπειν*, hingehen lassen, nämlich *τὸ ἀσεβεῖν*. Leg. X 901a τόν γε θεὸν οὐ ῥητέον ἔχειν ἦθος τοιοῦτον ὅ γέ τοι αὐτὸς μισεῖ. τῷ τέ τι τοιοῦτον φθέγγεσθαι πειρωμένῳ οὐκ ἐπιτρεπτέον. Dass dieser Widerspruch in der Beurteilung der Thaten der Götter und der Thaten der Menschen sich fühlbar machte, zeigen folgende Stellen: Arist. Wolk. 904 πῶς δῆτα δίκης οὔσης

τυγχάνῃ ὤν· αὐτοὶ γὰρ οἱ ἄνθρωποι τυγχάνουσι νομίζοντες τὸν Δία τῶν θεῶν ἄριστον καὶ δικαιότατον, καὶ τοῦτον ὁμολογοῦσι τὸν αὑτοῦ πατέρα δῆσαι, ὅτι τοὺς υἱεῖς 6 κατέπινεν οὐκ ἐν δίκῃ, κἀκεῖνόν γε αὖ τὸν αὑτοῦ πατέρα ἐκτεμεῖν δι᾽ ἕτερα τοιαῦτα· ἐμοὶ δὲ χαλεπαίνουσιν, ὅτι 5 τῷ πατρὶ ἐπεξέρχομαι ἀδικοῦντι, καὶ οὕτως αὐτοὶ αὑτοῖς τὰ ἐναντία λέγουσι περί τε τῶν θεῶν καὶ περὶ ἐμοῦ.

ΣΩ. Ἆρά γε, ὦ Εὐθύφρον, τοῦτ᾽ ἐστίν, οὕνεκα τὴν γραφὴν φεύγω, ὅτι τὰ τοιαῦτα ἐπειδάν τις περὶ τῶν θεῶν λέγῃ, δυσχερῶς πως ἀποδέχομαι; διὸ δή, ὡς ἔοικεν, 10

ὁ Ζεὺς οὐκ ἀπόλωλεν τὸν πατέρ᾽ αὑτοῦ δήσας; 1079 μοιχὸς γὰρ ἦν τύχης ἁλούς, τἄδ᾽ ἀντερεῖς πρὸς αὑτόν, ὡς οὐδὲν ἠδίκηκας· εἶτ᾽ εἰς τὸν Δί᾽ ἐπανενεγκεῖν, κἀκεῖνος ὡς ἥττων ἔρωτός ἐστι καὶ γυναικῶν· καίτοι σὺ θνητὸς ὢν θεοῦ πῶς μεῖζον ἂν δύναιο; Aeschyl. Eum. 640 (631), wo der Erinyenchor die Äusserung des Apollo, Zeus habe befohlen den Vater zu rächen, einwendet: πατρὸς προτιμᾷ Ζεὺς μόρον τῷ σῷ λόγῳ· αὐτὸς δ᾽ ἔδησε πατέρα πρεσβύτην Κρόνον. πῶς ταῦτα τούτοις οὐκ ἐναντίως λέγεις; Rp. II 378 b ἀδικῶν τὰ ἔσχατα οὐδὲν ἂν θαυμαστὸν ποιοῖ οὐδ᾽ αὖ ἀδικοῦντα πατέρα κολάζων παντὶ τρόπῳ, ἀλλὰ δρῴη ἂν ὅπερ θεῶν οἱ πρῶτοί τε καὶ μέγιστοι.

4 κατέπινεν. Da Kronos in Erfahrung gebracht hatte, dass er von seinem eigenen Sohn gestürzt werden würde, so verschlang er die Söhne gleich nach ihrer Geburt; nur bei dem jüngsten, Zeus, gelang es ihm nicht, da er von seiner Gattin Rhea statt des Kindes einen Stein zum Verschlingen erhalten. Später eröffnet Ζεύς den Kampf mit seinem Vater und beraubte ihn seiner Herrschaft. Statt κατέπινεν will eine junge Hand in T κατέπιεν. Allein κατέπινεν weist auch Hesiod Theog. 459 auf; es bezeichnet (Schultze Über Platons Euthyphron p. 8 Anm. 4) „die Handlung des Kronos als eine regelmässige und wiederholte."

κἀκεῖνόν. Kronos entmannte seinen Vater Uranos, weil er seine Söhne in die Erde, aus der sie geboren worden waren, zurückstiess. Hesiod. Theog. 154.

7 τὰ ἐναντία. Sowohl ἐναντία λέγειν als τἀναντία λέγειν erscheint bei Plato ohne wesentlichen Unterschied. Protag. 339 b δοκεῖ δέ σοι καλῶς πεποιῆσθαι, εἰ ἐναντία λέγει αὐτὸς αὑτῷ ὁ ποιητής; Rp. V 453 c πῶς οὖν οὐχ ἁμαρτάνετε νῦν καὶ τἀναντία ἡμῖν αὐτοῖς λέγετε;

10 πως dient hier zur Verstärkung wie τις, dessen Adverbium es ist. Vgl. oben 2 c. Zur Sache vgl. Rp. II 377 e τὸ μέγιστον καὶ περὶ τῶν μεγίστων ψεῦδος ὁ εἰπὼν οὐ καλῶς ἐψεύσατο, ὡς Οὐρανός τε εἰργάσατο ἅ φησι δρᾶσαι αὐτὸν Ἡσίοδος, ὅ τε αὖ Κρόνος ὡς ἐτιμωρήσατο αὐτόν· τὰ δὲ δὴ τοῦ Κρόνου ἔργα καὶ πάθη ὑπὸ τοῦ υἱέος οὐδ᾽ ἄν, εἰ ἦν ἀληθῆ, ᾤμην δεῖν ῥᾳδίως οὕτω λέγεσθαι πρὸς ἄφρονάς τε καὶ νέους, und die von Naegelsbach Nachhom. Theol. 45 beigebrachte Stelle: Isocr. 11,38 ἀλλὰ γὰρ οὐδέν σοι τῆς ἀληθείας ἐμέλησεν, ἀλλὰ ταῖς τῶν ποιητῶν βλασφημίαις ἐπηκολούθησας, οἳ δεινότερα μὲν πεποιηκότας καὶ πεπονθότας ἀποφαίνουσι τοὺς ἐκ τῶν ἀθανάτων γεγονότας ἢ τοὺς ἐκ τῶν ἀνθρώπων τῶν ἀνοσιωτάτων, τοιούτους δὲ λόγους περὶ αὐτῶν τῶν θεῶν

φήσει τίς με ἐξαμαρτάνειν· νῦν οὖν εἰ καὶ σοὶ ταῦτα ξυνδοκεῖ τῷ εὖ εἰδότι περὶ τῶν τοιούτων, ἀνάγκη δή, ὡς B ἔοικεν, καὶ ἡμῖν ξυγχωρεῖν. τί γὰρ καὶ φήσομεν, οἵ γε αὐτοὶ ὁμολογοῦμεν περὶ αὐτῶν μηδὲν εἰδέναι; ἀλλά μοι
5 εἰπὲ πρὸς φιλίου, σὺ ὡς ἀληθῶς ἡγεῖ ταῦτα οὕτως γεγονέναι;

εἰρήκασιν, οἵους οὐδεὶς ἂν περὶ τῶν ἐχθρῶν εἰπεῖν τολμήσειεν· οὐ γὰρ μόνον κλοπὰς καὶ μοιχείας καὶ παρ' ἀνθρώποις θητείας αὐτοῖς ὠνείδισαν, ἀλλὰ καὶ παίδων βρώσεις καὶ πατέρων ἐκτομὰς καὶ μητέρων δεσμοὺς καὶ πολλὰς ἄλλας ἀνομίας κατ' αὐτῶν ἐλογοποίησαν. Aussprüche des Euripides, die sich gegen unwürdige Vorstellungen von den Göttern richten, stellt Nauck praef. Eurip. XXX 54 zusammen. Wir führen daraus an fr. 294, 7 εἰ θεοί τι δρῶσιν αἰσχρόν, οὐκ εἰσὶν θεοί Iph. T 391 οὐδένα οἶμαι δαιμόνων εἶναι κακόν.

10 διό. Bisher wurde gelesen δι' ἅ; allein die von erster Hand in T διὸ steht, so glaube ich, dass δι' ἅ der unrichtigen Assimilation an τὰ τοιαῦτα seine Entstehung verdankt; es liegt hier aber eine Beziehung auf den ganzen Gedanken τὰ τοιαῦτα δυσχερῶς πῶς ἀποδέχομαι vor, welche Beziehung durch διὸ in unzweideutiger Weise ausgedrückt wird.

3 ἡμῖν. In der Unterredung kann leicht der Plural an Stelle des Singulars treten, indem der Sprechende die andere Person mitbeizieht; durch fortwährenden Gebrauch stumpft sich das Gefühl für diesen Plural so ab, dass er auch eintritt, „wo an keine Teilnehmung zu denken ist, sondern Sokrates sich noch mit seinem Unterredner in Entgegensetzung denkt." (Schleiermacher), Engelhardt vergleicht mit Recht 12e πειρῶ δὴ καὶ σὺ ἐμὲ οὕτω διδάξαι, τὸ ποῖον μέρος τοῦ δικαίου ὅσιόν ἐστιν, ἵνα καὶ Μελήτῳ λέγωμεν μηκέθ' ἡμᾶς ἀδικεῖν μηδ' ἀσεβείας γράφεσθαι, ὡς ἱκανῶς ἤδη παρὰ σοῦ μεμαθηκότας, welches Beispiel uns den Übergang zeigen kann, denn erst durch das Glied mit ὡς wird der Plural auffällig.

τί γὰρ καὶ φήσομεν; Durch καὶ wird es als fraglich hingestellt, ob sie überhaupt etwas sagen können. Rp. II 434d τί γὰρ καὶ ἐροῦμεν;

4 μηδέν. Sowohl οὐ als μή steht beim Infinitiv nach ὁμολογεῖν: Phaedo 94c οὐκοῦν αὖ ὡμολογήσαμεν — μήποτ' ἂν αὐτὴν ἐναντία ᾄδειν — ἀλλ' ἕπεσθαι ἐκείνοις καὶ οὔποτ' ἂν ἡγεμονεύειν;

5 πρὸς φιλίου. Gorg. 500b καὶ πρὸς φιλίου μήτε οὐ οἴου δεῖν πρὸς ἐμὲ παίζειν κτλ. 519e ἀλλ' ὠγαθὲ εἰπὲ πρὸς φιλίου Phaedr. 234e ἀλλ' εἰπὲ πρὸς Διὸς φιλίου. „Wie einen Zeus der Gastfreundschaft, so verehrte man auch einen solchen der Freundschaft — Ζεὺς φίλιος — der in Megalopolis einen Tempel hatte (Paus. 8, 31, 2) und den im Gespräch anrief, wer einen Freund zu einer aufrichtigen Äusserung bewegen wollte." L. Schmidt Ethik II 337.

ὡς ἀληθῶς entspricht völlig dem τῇ ἀληθείᾳ, wie andrerseits ἀληθῶς dem ἀληθείᾳ, denn die Redensart ist gebildet nach dem Muster von ὡς αὔτως, welches das Adverbium zu ὁ αὐτός ist. Ausser ὡς αὔτως und ὡς ἀληθῶς erscheint auch, aber viel seltner ὡς ἑτέρως. Was sonst noch vorkommt, ist nur vereinzelt vgl. Fox Ztschr. f. österr. Gymn. 1879 p. 321. Das Verhalten der einzelnen Schriftsteller zu diesen „Doppeladverbia," wie sie Fox

ΕΥΘ. *Καὶ ἔτι γε τούτων θαυμασιώτερα, ὦ Σώκρατες, ἃ οἱ πολλοὶ οὐκ ἴσασιν.*

ΣΩ. *Καὶ πόλεμον ἄρα ἡγεῖ σὺ εἶναι τῷ ὄντι ἐν τοῖς θεοῖς πρὸς ἀλλήλους, καὶ ἔχθρας γε δεινὰς καὶ μάχας καὶ ἄλλα τοιαῦτα πολλά, οἷα λέγεταί τε ὑπὸ τῶν ποιη-* 5
C *τῶν, καὶ ὑπὸ τῶν ἀγαθῶν γραφέων τά τε ἄλλα ἱερὰ ἡμῖν καταπεποίκιλται, καὶ δὴ καὶ τοῖς μεγάλοις Παναθηναίοις ὁ πέπλος μεστὸς τῶν τοιούτων ποικιλμάτων*

nennt, ist ein sehr verschiedenes; bei manchen finden sich dieselben gar nicht oder nur das eine oder das andere. Plato, der besonders häufig ὡς ἀληθῶς gebraucht, hat in den späteren Dialogen Philebus, Politicus, Timaeus, Leges diese Redensart vermieden und dafür ἀληθῶς neben ἀληθείᾳ und τῇ ἀληθείᾳ eintreten lassen. Vgl. meine Abhandlung Zur Entwicklung des platonischen Stils Hermes XXI 439—459.

2 οἱ πολλοί. In T wird korrigiert οἱ λοιποί. Allein οἱ πολλοί ist ganz an seinem Platz, da hier auf eine Wissenschaft hingewiesen werden soll, die nur in engeren Kreisen lebt, höchst wahrscheinlich denen der Orphiker, in deren kosmogonischen Dichtungen solche θαυμάσια vorkamen.

3 πόλεμον. Rp. II 378b *οὐδέ γε τὸ παράπαν (λεκτέον), ὡς θεοὶ θεοῖς πολεμοῦσί τε καὶ ἐπιβουλεύουσι καὶ μάχονται — οὐδὲ γὰρ ἀληθῆ — πολλοῦ δεῖ γιγαντομαχίας τε μυθολογητέον αὐτοῖς καὶ ποικιλτέον καὶ ἄλλας ἔχθρας πολλὰς καὶ παντοδαπὰς θεῶν τε καὶ ἡρώων πρὸς συγγενεῖς τε καὶ οἰκείους αὐτῶν.*

τῷ ὄντι wechselt bei Plato mit ὄντως, jedoch in der Weise, dass in den frühesten Dialogen nur τῷ ὄντι, in den mittleren τῷ ὄντι neben ὄντως, endlich in den spätesten (Phileb. Politic. Tim. Leg.) nur ὄντως vorkommt. τῷ ὄντι verhält sich zu ὄντως wie ὡς ἀληθῶς zu ἀληθῶς. Vgl. meinen eben erwähnten Aufsatz.

6 καὶ ὑπό. Hier lockert sich bereits das Satzgefüge, denn das Relativ οἷοις wird im zweiten Glied nicht mehr gesetzt; mit καὶ δὴ καί ist, wie τῶν τοιούτων zeigt, die Einheit des Satzgefüges völlig durchbrochen.

7 καταπεποίκιλται. Otfr. Müller Archaeol.[3] § 135, 2 § 319, 5. τοῖς μεγάλοις Παναθηναίοις Kr. 48, 2,1. Die grossen Panathenäen wurden zum Unterschied von den kleinen, welche jährlich gefeiert wurden, erst alle vier Jahre abgehalten, und zwar im dritten Jahre einer Olympiade (penteterische Feier). Mommsen Heortologie 116, 119. Die jährlichen Panathenäen heissen amtlich in der Regel τὰ Παναθήναια τὰ κατ' ἐνιαυτόν oder gewöhnlich bloss τὰ Παναθήναια, bei den Schriftstellern Παναθήναια τὰ μικρά oder μικρὰ Παναθήναια, die penteterischen zumeist in den Urkunden Παναθήναια τὰ μεγάλα (erst ganz spät τὰ μεγάλα Παναθήναια), bei den Schriftstellern Παναθήναια τὰ μεγάλα oder τὰ Παναθήναια τὰ μεγάλα oder τὰ μεγάλα Παναθήναια. Michaelis Parthenon 319.

8 ὁ πέπλος, das Gewand, welches für die Bekleidung des Bildes der Athena Polias im Erechtheum auf der Akropolis bestimmt war. Michaelis Parthenon 328. Schol. Plat. Rp. I 327a sagt von den grossen Pana-

ἀνάγεται εἰς τὴν ἀκρόπολιν; ταῦτα ἀληθῆ φῶμεν εἶναι, ὦ Εὐθύφρον;

ΕΥΘ. Μὴ μόνον γε, ὦ Σώκρατες· ἀλλ' ὅπερ ἄρτι εἶπον, καὶ ἄλλα σοι ἐγὼ πολλά, ἐάνπερ βούλῃ, περὶ τῶν θείων διηγήσομαι, ἃ σὺ ἀκούων εὖ οἶδ' ὅτι ἐκπλαγήσει.

ΣΩ. Οὐκ ἂν θαυμάζοιμι. ἀλλὰ ταῦτα μέν μοι εἰσαῦθις ἐπὶ σχολῆς διηγήσει· νυνὶ δέ, ὅπερ ἄρτι σε ἠρόμην, πειρῶ σαφέστερον εἰπεῖν. οὐ γάρ με, ὦ ἑταῖρε, τὸ πρότερον ἱκανῶς ἐδίδαξας ἐρωτήσαντα τὸ ὅσιον, ὅ τί ποτ' εἴη, ἀλλά μοι εἶπες, ὅτι τοῦτο τυγχάνει ὅσιον ὄν, ὃ σὺ νῦν ποιεῖς, φόνου ἐπεξιὼν τῷ πατρί. D

ΕΥΘ. Καὶ ἀληθῆ γε ἔλεγον, ὦ Σώκρατες.

ΣΩ. Ἴσως. ἀλλὰ γάρ, ὦ Εὐθύφρον, καὶ ἄλλα πολλὰ φῂς εἶναι ὅσια.

ΕΥΘ. Καὶ γὰρ ἔστι.

ΣΩ. Μέμνησαι οὖν, ὅτι οὐ τοῦτό σοι διεκελευόμην, ἕν τι ἢ δύο με διδάξαι τῶν πολλῶν ὁσίων, ἀλλ' ἐκεῖνο αὐτὸ τὸ εἶδος, ᾧ πάντα τὰ ὅσια ὅσιά ἐστιν; ἔφησθα γάρ που μιᾷ ἰδέᾳ τά τε ἀνόσια ἀνόσια εἶναι καὶ τὰ ὅσια E ὅσια· ἢ οὐ μνημονεύεις;

ΕΥΘ. Ἔγωγε.

ΣΩ. Ταύτην τοίνυν με αὐτὴν δίδαξον τὴν ἰδέαν, τίς

thenäen: πέπλος τις ἀνήγετο τῇ Ἀθηνᾷ, καθ' ὃν ἐδείκνυτο ἡ κατὰ τῶν Γιγάντων ταύτης τε καὶ τῶν Ὀλυμπίων νίκη θεῶν Eurip. Iphig. Taur. 222 οὐδ' ἱστοῖς ἐν καλλιφθόγγοις κερκίδι Παλλάδος Ἀτθίδος εἰκὼ καὶ Τιτάνων ποικίλουσα Hekab. 466 ἦ Παλλάδος ἐν πόλει τῆς καλλιδίφρου θεᾶς ναίουσ', ἐν κροκέῳ πέπλῳ ζεύξομαι ἆρα πώλους ἐν δαιδαλέαισι ποικίλλουσ' ἀνθοκρόκοισι πήναις, ἢ Τιτάνων γενεὰν τὰν Ζεὺς ἀμφιπύρῳ κοιμίζει φλογμῷ Κρονίδας; Der πέπλος wurde für die Festfeier von athenischen Jungfrauen, welche ἐργαστῖναι hiessen, gewebt; vgl. Arch. Mitth. aus Athen VIII 60 und 61.

3 μόνον, d. h. ταῦτα. Die Überlieferung schwankt zwischen μόνον (B) und μόνα (T), wie Hipparch 229 c (78, 30) ταῦτα μόνον τὰ ἔτη τυραννὶς ἐγένετο ἐν Ἀθήναις, wo ebenfalls B μόνον, T μόνα hat. Es scheint, dass der Singular Anstoss erregt und Anlass zur Änderung gegeben hat. Allein wie an unserer Stelle, heisst es auch Meno 71 c ταῦτα ἀπαγγέλλωμεν; ΣΩ. Μὴ μόνον γε, ὦ ἑταῖρε, ἀλλὰ καὶ ὅτι οὐδ' ἄλλῳ πω ἐνέτυχον εἰδότι. Dieses elliptische οὐ (μὴ) μόνον erhält bei Plato stets γε hinzugefügt: Leg. VI 752 a ἄριστ' εἴρηκας, ὦ ξένε. ΑΘ. Οὐ μόνον γε, ἀλλὰ καὶ δράσω κατὰ δύναμιν οὕτω Phileb. 23 b οὐ μόνον γε, ἀλλ' ὅτι καὶ ἀγνοεῖς Phaedo 107 b οὐ μόνον γε — ἀλλὰ καὶ.

18 εἶδος und ἰδέα sind hier offenbar identisch, sie bezeichnen den Begriff, welcher ein Ding zu dem macht, was der Begriff aussagt. Hipp. I 287 c ἆρ' οὐ δικαιοσύνῃ δίκαιοί εἰσιν οἱ δίκαιοι;

ποτέ ἐστιν, ἵνα εἰς ἐκείνην ἀποβλέπων καὶ χρώμενος αὐτῇ παραδείγματι, ὃ μὲν ἂν τοιοῦτον ᾖ, ὧν ἂν ᾖ σὺ ἢ ἄλλος τις πράττῃ, φῶ ὅσιον εἶναι, ὃ δ᾽ ἂν μὴ τοιοῦτον, μὴ φῶ.

ΕΥΘ. Ἀλλ᾽ εἰ οὕτω βούλει, ὦ Σώκρατες, καὶ οὕτω σοι φράσω.

ΣΩ. Ἀλλὰ μὴν βούλομαί γε.

ΕΥΘ. Ἔστι τοίνυν τὸ μὲν τοῖς θεοῖς προσφιλὲς ὅσιον, τὸ δὲ μὴ προσφιλὲς ἀνόσιον.

ΣΩ. Παγκάλως, ὦ Εὐθύφρον, καὶ ὡς ἐγὼ ἐζήτουν ἀποκρίνασθαί σε, οὕτω νῦν ἀπεκρίνω. εἰ μέντοι ἀληθῶς, τοῦτο οὔπω οἶδα, ἀλλὰ σὺ δῆλον ὅτι ἐπεκδιδάξεις ὡς ἔστιν ἀληθῆ ἃ λέγεις.

ΕΥΘ. Πάνυ μὲν οὖν.

ΣΩ. Φέρε δή, ἐπισκεψώμεθα, τί λέγομεν. τὸ μὲν θεοφιλές τε καὶ ὁ θεοφιλὴς ἄνθρωπος ὅσιος, τὸ δὲ θεομισὲς καὶ ὁ θεομισὴς ἀνόσιος· οὐ ταὐτὸν δ᾽ ἐστίν, ἀλλὰ τὸ ἐναντιώτατον τὸ ὅσιον τῷ ἀνοσίῳ· οὐχ οὕτως;

1 ἐκείνην — αὐτῇ. Über diesen Wechsel vgl. zu 14 d.

2 παραδείγματι. Ähnlich Meno 72 c ἐν γέ τι εἶδος ταὐτὸν ἅπασαι ἔχουσιν, δι᾽ ὃ εἰσὶν ἀρεταί, εἰς ὃ καλῶς που ἔχει ἀποβλέψαντα τὸν ἀποκρινόμενον τῷ ἐρωτήσαντι ἐκεῖνο δηλῶσαι, ὃ τυγχάνει οὖσα ἀρετή.

7 Zweite Definition. Das Fromme ist das den Göttern Wohlgefällige. Bezüglich der ganzen Schlussfolgerung ist zu bemerken, dass alles davon abhängt, wie der Artikel τοῖς in der Definition ἔστι τὸ μὲν τοῖς θεοῖς προσφιλές gefasst wird, d. h. inwiefern die Götter als bestimmte erscheinen. οἱ θεοί kann alle überhaupt existierenden Götter, es kann aber für den Griechen auch die vaterländischen Götter bezeichnen. Auf Sokrates' Andringen wird später in die Definition πάντες eingefügt. Dadurch treten οἱ θεοί und πάντες οἱ θεοί einander gegenüber, und es wird uns nahegelegt, οἱ θεοί in beschränktem Sinn von vaterländischen Göttern zu nehmen, dagegen πάντες οἱ θεοί von 9 d an annähernd im Sinn von „Gottheit" aufzufassen. Bonitz Plat. Stud.[3] 233.

9 ἐζήτουν. Rp. II 375 e οὐ παρὰ φύσιν ζητοῦμεν τοιοῦτον εἶναι τὸν φύλακα.

10 ἀληθῶς. Gegenüber Stellen wie Prot. 352 d καλῶς γε σὺ λέγων καὶ ἀληθῆ Ion 538 e σκέψαι, ὡς ῥᾳδίως τε καὶ ἀληθῆ ἐγώ σοι ἀποκρινοῦμαι Phaedo 79 d παντάπασιν καλῶς καὶ ἀληθῆ λέγεις könnte man an dem ἀληθῶς Anstoss nehmen und einen Assimilationsfehler (an παγκάλως) vermuten. Allein der Zweifel wird beseitigt durch Phaedo 93 c καὶ ταῦτα ἀληθῶς λέγεται; Ἀληθῶς μέντοι. In T steht ὡς ἀληθῶς. Aber ὡς ist Interpolation, denn ὡς ἀληθῶς ἀπεκρίνω würde heissen: du hast in Wahrheit geantwortet.

14 τί λέγομεν, von welchem Gehalte das ist, was wir sagen; vgl. οὐδὲν λέγεις, τί λέγειν.

16 δ᾽ ἐστίν. Das δέ steht an dritter Stelle, um die Verbindung οὐ δέ zu vermeiden Kr. 69, 16, 1.

τὸ ἐναντιώτατον. Vgl. oben 5 d πᾶν τοὐναντίον.

ΕΥΘ. Οὕτω μὲν οὖν.
ΣΩ. Καὶ εὖ γε φαίνεται εἰρῆσθαι.
ΕΥΘ. Δοκῶ, ὦ Σώκρατες [εἴρηται γάρ].
ΣΩ. Οὐκοῦν καὶ ὅτι στασιάζουσιν οἱ θεοί, ὦ Εὐθύ-
5 φρον, καὶ διαφέρονται ἀλλήλοις καὶ ἔχθρα ἐστὶν ἐν αὐτοῖς πρὸς ἀλλήλους, καὶ τοῦτο εἴρηται;
ΕΥΘ. Εἴρηται γάρ.
ΣΩ. Ἔχθραν δὲ καὶ ὀργάς, ὦ ἄριστε, ἡ περὶ τίνων
διαφορὰ ποιεῖ; ὧδε δὲ σκοπῶμεν. ἆρ' ἂν εἰ διαφεροί-
10 μεθα ἐγώ τε καὶ σὺ περὶ ἀριθμοῦ, ὁπότερα πλείω, ἡ
περὶ τούτων διαφορὰ ἐχθροὺς ἂν ἡμᾶς ποιοῖ καὶ ὀργί-

3 δοκῶ. Schleiermacher verlangte früher δοκεῖ. Allein auch δοκῶ kommt, wenn gleich viel seltener, so vor. Rp. VIII 554 b ἢ οὐχ οὗτος ἂν εἴη ὁ τῇ τοιαύτῃ πολιτείᾳ ὁμοῖος; Ἐμοὶ γοῦν, ἔφη, δοκεῖ. Aber gleich darauf, οὐ γάρ, οἶμαι, ἦν δ' ἐγώ, παιδείᾳ ὁ τοιοῦτος προσέσχηκεν. Οὐ δοκῶ, ἔφη. Das in den Handschriften nach δοκῶ überlieferte εἴρηται γάρ, welches von Maresch nach οὕτω μὲν οὖν gestellt wurde, erachte ich als eine irrtümliche Wiederholung des unten folgenden εἴρηται γάρ.

8 ἔχθραν καὶ ὀργάς, auffällig, weil in der Regel bei solchen Zusammenstellungen die äussere Gleichheit gewahrt wird. Allein ähnlich Politic. 273 a θορύβων τε καὶ ταραχῆς ἤδη πανόμενος καὶ τῶν σεισμῶν, wo in der einen Quelle der Überlieferung θορύβον steht. Phaedo 58 e τρόπον καὶ τῶν λόγων, wo B von m. I τοῦ λόγου, von m. II τῶν λόγων hat, T dagegen τῶν λόγων von m. I, τοῦ λόγου von m. II. Öfters in den Leg. wie V 734 a ὑπερβαλλούσας — τὰς λύπας τῶν ἡδονῶν μεγέθει καὶ πλήθει καὶ πυκνότησιν VI 779 b ὁμαλότητί τε καὶ ὁμοιότησιν IX 860 b ἄπειρα παθήματα πλήθει καὶ μεγέθεσιν. Vahlen Arist. Poet.² 173.

ἡ περὶ τίνων διαφορά ist genau gebildet nach ἡ περὶ τούτων διαφορά. Der Artikel bleibt auch, nachdem statt des τούτων eine unbekannte Grösse eintritt, vgl. der erste und der wievielste.

9 ὧδε σκοπῶμεν, häufige Einleitungsformel bei Plato: Gorg. 476 a σκοπῶμεθα δὲ τῇδε 476 b σκόπει δὴ καὶ τόδε.

διαφεροίμεθα. Es werden drei Gebiete genannt, Zahl, Mass, Gewicht, in denen jeder Dissens sofort geschlichtet werden kann durch eine allem Subjektiven entrückte Operation, durch Zählen, Messen und Wägen (ἱστάναι). So rechnet Xenophon Mem. I, 1, 9, wenn er von den Dingen spricht, ἃ τοῖς ἀνθρώποις ἔδωκαν οἱ θεοὶ μαθοῦσι διακρίνειν auch dazu ἃ ἔξεστιν ἀριθμήσαντας ἢ μετρήσαντας ἢ στήσαντας εἰδέναι mit dem bedeutungsvollen Zusatz: τοὺς τὰ τοιαῦτα παρὰ τῶν θεῶν πυνθανομένους ἀθέμιστα ποιεῖν ἡγεῖτο. Auch Hippokrates de prisc. med. § 9 hat diese Zusammenstellung von Mass, Zahl, Gewicht als der Elemente des exakten d. h. quantitativ bestimmten Wissens, wie es bei moralischen Dingen nicht zu erreichen ist: δεῖ γὰρ μέτρου τινὸς στοχάσασθαι· μέτρον δὲ οὐδὲ σταθμὸν οὐδὲ ἀριθμὸν οὐδένα ἄλλον, πρὸς ὃ ἀναφέρων εἴσῃ τὸ ἀκριβές, οὐκ ἂν εὕροιης ἀλλ' ἢ τοῦ σώματος τὴν αἴσθησιν. Gomperz Sitzungsber. der Wien. Ak. 83 p. 588.

ζεσθαι ἀλλήλοις, ἢ ἐπὶ λογισμὸν ἐλθόντες περί γε τῶν
τοιούτων ταχὺ ἂν ἀπαλλαγεῖμεν;

ΕΥΘ. Πάνυ γε.

ΣΩ. Οὐκοῦν καὶ περὶ τοῦ μείζονος καὶ ἐλάττονος εἰ
διαφεροίμεθα, ἐπὶ τὸ μετρεῖν ἐλθόντες ταχὺ παυσαίμεθ᾿
ἂν τῆς διαφορᾶς;

ΕΥΘ. Ἔστι ταῦτα.

ΣΩ. Καὶ ἐπί γε τὸ ἱστάναι ἐλθόντες, ὡς ἐγῷμαι,
περὶ τοῦ βαρυτέρου τε καὶ κουφοτέρου διακριθεῖμεν ἄν;

ΕΥΘ. Πῶς γὰρ οὔ;

ΣΩ. Περὶ τίνος δὲ δὴ διενεχθέντες καὶ ἐπί τινα κρίσιν οὐ δυνάμενοι ἀφικέσθαι ἐχθροί γε ἂν ἀλλήλοις εἶμεν καὶ ὀργιζοίμεθα; ἴσως οὐ πρόχειρόν σοί ἐστιν, ἀλλ᾿ ἐμοῦ λέγοντος σκόπει, εἰ τάδ᾿ ἐστὶ τό τε δίκαιον καὶ τὸ ἄδικον καὶ καλὸν καὶ αἰσχρὸν καὶ ἀγαθὸν καὶ κακόν. ἆρα οὐ ταῦτά ἐστιν, περὶ ὧν διενεχθέντες καὶ οὐ δυνάμενοι ἐπὶ ἱκανὴν κρίσιν αὐτῶν ἐλθεῖν ἐχθροὶ ἀλλήλοις γιγνόμεθα, ὅταν γιγνώμεθα, καὶ ἐγὼ καὶ σὺ καὶ οἱ ἄλλοι ἄνθρωποι πάντες;

---

4 τοῦ μείζονος καὶ ἐλάττονος. Auch wenn die beiden Begriffe verschieden sind, unterlässt Plato nicht selten die Wiederholung des Artikels. Vgl. 8d und Anm. 14.

9 διακριθεῖμεν ἄν. Vielleicht ist davor ταχὺ ausgefallen; denn da es bei den zwei andern Operationen steht und für den Gedanken nicht unwesentlich ist, vermisst man es beim dritten Gliede schwer.

11 ἐπί τινα. Bisher las man ἐπὶ τίνα κρίσιν. Allein wenn man die darauffolgenden Worte περὶ ὧν — ἐπὶ ἱκανὴν κρίσιν αὐτῶν ἐλθεῖν vergleicht, so wird man auch hier die Frageform aufheben, die durchaus nicht am Platze ist. Bezüglich der Stellung des Pronomens vgl. Gorg. 524 d ἐπί τινα χρόνον Leg. X 889 c διά τινα θεόν.

13 ἐμοῦ λέγοντος. Vgl. zu 9c.

14 τό τε δίκαιον — καὶ καλόν. Nicht selten wird so der Artikel bei folgenden Gliedern weggelassen. Phaedo 69 c καὶ ἡ σωφροσύνη καὶ ἡ δικαιοσύνη καὶ ἀνδρεία (so B, ἡ fügt T hinzu) καὶ αὕτη ἡ φρόνησις Leg. II 661 b τὸ ὁρᾶν καὶ τὸ ἀκούειν καὶ αἰσθάνεσθαι καὶ τὸ παράπαν ζῆν Phileb. 21 a τοῦ φρονεῖν καὶ τοῦ νοεῖν καὶ λογίζεσθαι τὰ δέοντα Theag. 124 a τῶν θεριζόντων ἐπιστάμεθα ἄρχειν καὶ τρυγώντων καὶ τῶν φυτευόντων καὶ σπειρόντων καὶ ἀλοώντων vgl. comm. Plat. 130 Soph. 251 a (55, 18) τά τε χρώματα ἐπιφέροντες αὐτῷ καὶ τὰ σχήματα καὶ μεγέθη καὶ κακίας καὶ ἀρετάς, wo τὰ über μεγέθη in T hinzugefügt ist. Politic. 296 c τὸ αἰσχρὸν καὶ τὸ κακὸν καὶ ἄδικον.

18 ὅταν γιγνώμεθα. Dieser einschränkende Zusatz (vgl. Phaedo 68 d) ist deshalb wichtig, weil ja ein Dissens, eine διαφορά nicht notwendig ἔχθρα und ὀργή im Gefolge hat. Plato führt aber diese Begriffe ein, um an die Behauptung des Euthyphro, es sei unter den Göt-

ΕΥΘ. Ἀλλ' ἔστιν αὕτη ἡ διαφορά, ὦ Σώκρατες, καὶ περὶ τούτων.

ΣΩ. Τί δέ; οἱ θεοί, ὦ Εὐθύφρον, οὐκ εἴπερ τι διαφέρονται, διὰ ταῦτα διαφέροιντ' ἄν;

5 ΕΥΘ. Πολλὴ ἀνάγκη.

ΣΩ. Καὶ τῶν θεῶν ἄρα, ὦ γενναῖε Εὐθύφρον, ἄλλοι E ἄλλα δίκαια *καὶ ἄδικα* ἡγοῦνται κατὰ τὸν σὸν λόγον, καὶ καλὰ καὶ αἰσχρὰ καὶ ἀγαθὰ καὶ κακά· οὐ γὰρ ἄν που ἐστασίαζον ἀλλήλοις, εἰ μὴ περὶ τούτων διεφέροντο· ἢ
10 γάρ;

ΕΥΘ. Ὀρθῶς λέγεις.

ΣΩ. Οὐκοῦν ἅπερ καλὰ ἡγοῦνται ἕκαστοι καὶ ἀγαθὰ καὶ δίκαια, ταῦτα καὶ φιλοῦσιν, τὰ δὲ ἐναντία τούτων μισοῦσιν;

tern *πόλεμος*, *ἔχθραι δειναὶ καὶ μάχαι*, anknüpfen zu können. Es scheint, dass durch jenen Zusatz Plato leise diese Schwäche der Argumentation andeutet.

3 *εἴπερ τι διαφέρονται*. Sokrates macht diese Einschränkung, um erkennen zu lassen, dass er *στάσις* und *διαφορά* unter den Göttern verwirft. Vgl. 8d 8e. Wie schwer es aber dem gewöhnlichen Bewusstsein der Alten wurde, sich die Götter ohne Streit zu denken, zeigt der Auctor ad Herenn. II 25. Es ist dort die Rede davon, dass etwas, was noch kontrovers ist, als ausgemacht angenommen wird. Als Beispiel führt er die Dichterworte an: eho tu, di, quibus est potestas motus superum atque inferum, pacem inter sese conciliant, conferunt concordiam mit dem Beisatz: ita pro suo iure hoc exemplo utentem Cresphontem Ennius induxit, quasi iam satis certis rationibus ita esse demonstrasset. Usener zu Bernays Ges. Abh. I 208.

7 *δίκαια καὶ ἄδικα*. Die Überlieferung giebt lediglich *δίκαια*. Allein die Einsetzung von *καὶ ἄδικα* erscheint notwendig, wenn man folgende Stellen vergleicht: 7d Gorg. 459d *περὶ τὸ δίκαιον καὶ τὸ ἄδικον καὶ τὸ αἰσχρὸν καὶ τὸ καλὸν καὶ ἀγαθὸν καὶ κακόν* Crito 47c *περὶ τῶν δικαίων καὶ ἀδίκων καὶ αἰσχρῶν καὶ καλῶν καὶ ἀγαθῶν καὶ κακῶν* Rp. V 476a *περὶ δικαίου καὶ ἀδίκου καὶ ἀγαθοῦ καὶ κακοῦ* Rp. VI 493b *ὅτι καλὸν ἢ αἰσχρὸν ἢ ἀγαθὸν ἢ κακὸν ἢ δίκαιον ἢ ἄδικον* Politic. 295e *τὰ δίκαια δὴ καὶ ἄδικα καὶ καλὰ καὶ αἰσχρὰ καὶ ἀγαθὰ καὶ κακά* Leg. X 896d *ὁμολογεῖν ἀναγκαῖον τῶν τε ἀγαθῶν αἰτίαν εἶναι ψυχὴν καὶ τῶν κακῶν καὶ καλῶν καὶ αἰσχρῶν δικαίων τε καὶ ἀδίκων καὶ πάντων τῶν ἐναντίων*. Wie leicht *καὶ ἄδικα* ausfallen konnte, ist ersichtlich. Diesen Ausfall erweisen auch folgende Stellen: Alcib. I 111c (13, 27) hat B *τῶν δικαίων καὶ ἀδίκων*, während T *καὶ ἀδίκων* weglässt. Theaet. 172b (44, 1) *ἐν τοῖς δικαίοις καὶ ὁσίοις καὶ ἀνοσίοις* wird *καὶ ἀδίκοις* jetzt mit Vindob. suppl. 7 hinzugefügt.

8 *οὐ γὰρ ἄν που*. Eine der wenigen Stellen, wo bei Plato in dieser Partikelverbindung *γε* fehlt. Die übrigen sind Phaedo 70c 102b Lys. 208d (216e) Soph. 232e Rp. 435e (Charm. (155a) 168c Hipp. I 300b 304a). Hoefer de partic. Plat. 22.

ΕΥΘ. Πάνυ γε.

ΣΩ. Ταὐτὰ δέ γε, ὡς σὺ φῄς, οἱ μὲν δίκαια ἡγοῦνται, οἱ δὲ ἄδικα· περὶ ἃ καὶ ἀμφισβητοῦντες στασιάζουσί τε καὶ πολεμοῦσιν ἀλλήλοις· ἆρ' οὐχ οὕτως;

ΕΥΘ. Οὕτω.

ΣΩ. Ταῦτ' ἄρα, ὡς ἔοικεν, μισεῖται ὑπὸ τῶν θεῶν καὶ φιλεῖται, καὶ θεομισῆ τε καὶ θεοφιλῆ ταῦτ' ἂν εἴη.

ΕΥΘ. Ἔοικεν.

ΣΩ. Καὶ ὅσια ἄρα καὶ ἀνόσια τὰ αὐτὰ ἂν εἴη, ὦ Εὐθύφρον, τούτῳ τῷ λόγῳ.

ΕΥΘ. Κινδυνεύει.

ΣΩ. Οὐκ ἄρα ὃ ἠρόμην ἀπεκρίνω, ὦ θαυμάσιε. οὐ γὰρ τοῦτό γε ἠρώτων, ὃ τυγχάνει ταὐτὸν ὂν ὅσιόν τε καὶ ἀνόσιον, ὃ δ' ἂν θεοφιλὲς ᾖ, καὶ θεομισές ἐστιν, ὡς ἔοικεν. ὥστε, ὦ Εὐθύφρον, ὃ σὺ νῦν ποιεῖς τὸν πατέρα κολάζων, οὐδὲν θαυμαστόν, εἰ τοῦτο δρῶν τῷ μὲν Διὶ προσφιλὲς ποιεῖς, τῷ δὲ Κρόνῳ καὶ τῷ Οὐρανῷ ἐχθρόν, καὶ τῷ μὲν Ἡφαίστῳ φίλον, τῇ δὲ Ἥρᾳ ἐχθρόν· καὶ εἴ τις ἄλλος τῶν θεῶν ἕτερος ἑτέρῳ διαφέρεται περὶ αὐτοῦ, καὶ ἐκείνοις κατὰ ταὐτά.

8 ἔοικεν und gleich darauf κινδυνεύει. Gegen Ende der Beweisführung, nachdem das Ziel derselben klar geworden ist, schränkt Euthyphro seine Zustimmung ein. Vgl. Sauppe zu Protag. 360 d.
13 ᾧ. So schreibe ich statt des überlieferten ὅ. Sokrates hatte nach einer Definition des ὅσιον gefragt, durch diese Definition ist aber das ὅσιον und ἀνόσιον als identisch erschienen; sie ist also nichtig. Mit τοῦτό γε haben wir einen allgemeinen Ausdruck für die Definition (λόγος) wie Meno 72 c τοῦτο τοίνυν μοι αὐτὸ εἰπέ, ὦ Μένων, ᾧ οὐδὲν διαφέρουσιν, ἀλλὰ ταὐτόν εἰσιν ἅπασαι· τί τοῦτο φῂς εἶναι; Bei der Lesart ᾧ entspricht der Satz genau dem vorausgegangenen. τὰ αὐτὰ = ταὐτόν, ferner καὶ ὅσια καὶ ἀνόσια = ὅσιόν τε καὶ ἀνόσιον, endlich τούτῳ τῷ λόγῳ = ᾧ.
16 τῷ μὲν Διί. Über die Kämpfe zwischen Zeus, Kronos und Uranos vgl. zu 6a. Eine Feindschaft zwischen Hera und Hephaistos spricht sich in der Sage aus, dass Hera sich ihres Sohnes schämt, weil er lahm zur Welt kam, und ihn deshalb vom Olymp in den Okeanos wirft, wo Eurynome und Thetis ihn aufnehmen. Preller Gr. Myth. I[8] 141 (Ἥρας δεσμοὺς ὑπὸ υἱέος Rp. II 378 d).
18 εἴ τις ἄλλος — ἕτερος ἑτέρῳ und gleich darauf οὐδένα ἕτερον ἑτέρῳ διαφέρεσθαι. Lys. 221e εἰ ἄρα τις ἕτερος ἑτέρου ἐπιθυμεῖ Leg. IX 865 b ἐὰν δὲ αὐτόχειρ μέν, ἄκων δὲ ἀποκτείνῃ τις ἕτερος ἕτερον Dem. 43, 61 εἴ τις ἕτερος ἑτέρου πρότερος ἢ ὕστερος τετελεύτηκεν Rp. II 378 c οὐδεὶς πώποτε πολίτης ἕτερος ἑτέρῳ ἀπήχθετο. Die Setzung des ἕτερος nach τις oder οὐδείς ist durch das Streben der Griechen veranlasst, der Gegensätzlichkeit durch Zusammenstellung gleicher Worte einen scharfen Ausdruck zu geben.

ΕΥΘ. Ἀλλ' οἶμαι, ὦ Σώκρατες, περί γε τούτου τῶν θεῶν οὐδένα ἕτερον ἑτέρῳ διαφέρεσθαι, ὡς οὐ δεῖ δίκην διδόναι ἐκεῖνον, ὃς ἂν ἀδίκως τινὰ ἀποκτείνῃ.

ΣΩ. Τί δέ; ἀνθρώπων, ὦ Εὐθύφρον, ἤδη τινὸς ἤκουσας ἀμφισβητοῦντος, ὡς τὸν ἀδίκως ἀποκτείναντα ἢ ἄλλο C ἀδίκως ποιοῦντα ὁτιοῦν οὐ δεῖ δίκην διδόναι;

ΕΥΘ. Οὐδὲν μὲν οὖν παύονται ταῦτα ἀμφισβητοῦντες καὶ ἄλλοθι καὶ ἐν τοῖς δικαστηρίοις. ἀδικοῦντες γὰρ πάμπολλα πάντα ποιοῦσι καὶ λέγουσι φεύγοντες τὴν δίκην.

ΣΩ. Ἦ καὶ ὁμολογοῦσιν, ὦ Εὐθύφρον, ἀδικεῖν, καὶ ὁμολογοῦντες ὅμως οὐ δεῖν φασὶ σφᾶς διδόναι δίκην;

ΕΥΘ. Οὐδαμῶς τοῦτό γε.

ΣΩ. Οὐκ ἄρα πᾶν γε ποιοῦσι καὶ λέγουσιν. τοῦτο

1 ἀλλ' οἶμαι. Euthyphro wirft ein, dass unter den Göttern darüber kein Dissens sein könne, dass der, welcher z. B. „ungerechterweise" einen andern getötet, Strafe erleiden müsse. Darauf entgegnet Sokrates, dass allerdings dieser Satz zweifellos sei, allein die Frage sei eben, ob eine strafwürdige, ungerechte Handlung vorliege.

2 διαφέρεσθαι, ὡς οὐ. Das Streiten wird hier als ein „Abstreiten" gefasst; darum kann im abhängigen Satz die Negation eintreten, wie dies gleichfalls darauf bei ἀμφισβητεῖν geschehen ist, das ebenfalls ein negatives Element in sich schliesst.

7 οὐδέν. Verstärkte Negation „zu keiner Zeit aufhören." οὐ παύεται et οὐδὲν παύεται sic differunt ut Latine: finem non facit et finem nullum facit; Cobet nov. lect. 500 Phaedo 100b ἀεὶ καὶ ἄλλοτε καὶ ἐν τῷ παρεληλυθότι λόγῳ οὐδὲν πέπαυμαι λέγων Leg. II 662e ἀλλ' ἀεὶ διακελευόμενος οὐδὲν ἐπαυόν ζῆν με ὡς δικαιότατα.

9 φεύγοντες τὴν δίκην, der Strafe zu entkommen suchend. Ebenso Gorg. 479b οἱ τὴν δίκην φεύγοντες, qui poenam effugere cupiunt. Xen. Cyr. 5, 4, 26 πάντα ἐποίουν πείθοντες τὸν βασιλέα. Matthiae § 555 Anm. 2 Kühner II 620 Stahl quaest. gramm. 17. Bei dem Verbum ist immer ins Auge zu fassen, ob das Präsens eine bereits im Vollzug befindliche oder eine erst in Vollzug zu setzende Handlung (inchoative) darstellt; liegt die letztere Anschauung vor, so ergiebt sich eine Verschiebung der Tempora; wenn z. B. esse = anfangen zu sein, so ist fui = sum, fueram = eram. So z. B. bei Propert. 1, 3, 17. Vgl. 12c πεφόβηται, ist in Furcht. Deutlicher: Gorg. 479c πᾶν ποιοῦσιν ὥστε δίκην μὴ διδόναι Apol. 38d ᾤμην δεῖν ἅπαντα ποιεῖν καὶ λέγειν, ὥστε ἀποφυγεῖν τὴν δίκην.

14 πᾶν γε, oben πάντα. Sowohl der Singular als der Plural erscheint in der Redensart. Vgl. die eben citierte Stelle Gorg. 479c, dann Phaedr. 252e Apol. 39a τολμᾷ πᾶν ποιεῖν καὶ λέγειν. Da es sich hier nur um ein „Sagen" handelt, so ist ποιεῖν eigentlich überflüssig. Vielleicht ist diese Abundanz nach Analogie jener Fälle zu erklären, in denen zur Verstärkung entgegengesetzte

γὰρ οἶμαι οὐ τολμῶσι λέγειν οὐδ' ἀμφισβητεῖν, ὡς οὐχί,
D εἴπερ ἀδικοῦσί γε, δοτέον δίκην· ἀλλ' οἶμαι οὔ φασιν
ἀδικεῖν. ἢ γάρ;

ΕΥΘ. Ἀληθῆ λέγεις.

ΣΩ. [Οὐκ ἄρα ἐκεῖνό γε ἀμφισβητοῦσιν, ὡς οὐ τὸν 5
ἀδικοῦντα δεῖ διδόναι δίκην· ἀλλ' ἐκεῖνο ἴσως ἀμφισβητοῦσιν,
τὸ τίς ἐστιν ὁ ἀδικῶν καὶ τί δρῶν καὶ πότε.

ΕΥΘ. Ἀληθῆ λέγεις].

ΣΩ. Οὐκοῦν αὐτά γε ταῦτα καὶ οἱ θεοὶ πεπόνθασιν,
εἴπερ στασιάζουσι περὶ τῶν δικαίων καὶ ἀδίκων, ὡς ὁ 10
σὸς λόγος, καὶ οἱ μέν φασιν ἀλλήλους ἀδικεῖν, οἱ δὲ οὔ
φασιν; ἐπεὶ ἐκεῖνό γε δήπου, ὦ θαυμάσιε, οὐδεὶς οὔτε
E θεῶν οὔτε ἀνθρώπων τολμᾷ λέγειν, ὡς οὐ τῷ γε ἀδικοῦντι
δοτέον δίκην.

ΕΥΘ. Ναί, τοῦτο μὲν ἀληθὲς λέγεις, ὦ Σώκρατες, τὸ 15
κεφάλαιον.

ΣΩ. Ἀλλ' ἕκαστόν γε οἶμαι, ὦ Εὐθύφρον, τῶν πραχθέντων
ἀμφισβητοῦσιν οἱ ἀμφισβητοῦντες, καὶ ἄνθρωποι
καὶ θεοί, εἴπερ ἀμφισβητοῦσιν θεοί· πράξεώς τινος πέρι
διαφερόμενοι οἱ μὲν δικαίως φασὶν αὐτὴν πεπρᾶχθαι, οἱ 20
δὲ ἀδίκως· ἆρ' οὐχ οὕτω;

ΕΥΘ. Πάνυ γε.

Begriffe verbunden werden. Vgl. Soph. Antig. 1108 El. 305 spec. crit. 22 Haupt opusc. I 264 Vahlen ind. lect. Berol. 1879 p. 3.

2 οὔ φασιν ἀδικεῖν. Der Satz οὐκ ἀδικῶ schliesst ein Doppeltes in sich, entweder, ich habe die ungerechte Handlung gar nicht gethan, oder, ich bin nicht im Unrecht, d. h. die Handlung begreift in sich kein Unrecht. Wie der Zusammenhang zeigt, und wie auch aus der Rekapitulation in 8e hervorgeht, handelt es sich hier lediglich darum, ob die Handlung ungerecht d. h. gesetzwidrig ist. (So gab es z. B. einen φόνος δίκαιος; Philippi der Areopag und die Epheten 55.) Sollte aber auch das andere Moment eingeführt werden, so konnte dies nicht wie in dem Satz mit οὐκ ἄρα in ganz unvermittelter Weise geschehen, sondern nur so, dass beide Momente in Gegensatz zueinander treten. Die Vermutung Schenkls Zeitschr. f. österr. G. XI 178 ist daher sehr wahrscheinlich, dass οὐκ ἄρα — λέγεις eingeschoben ist.

7 τό Kr. 50, 6, 10.

11 ἀλλήλους, hier die einen die andern.

15 τὸ κεφάλαιον, in der Hauptsache. T hat τό γε κεφάλαιον. Ohne γε auch Phileb. 48c ἔστι δὴ πονηρία μέν τις τὸ κεφάλαιον. Der Zusatz erfolgt nur aus Verlegenheit, dem Euthyphro ist ja gar kein Widerspruch möglich.

19 πράξεώς τινος πέρι. Asyndeton explicativum. Sauppe zu Protag. 340e.

ΣΩ. Ἴθι νυν, ὦ φίλε Εὐθύφρον, δίδαξον καὶ ἐμέ, ἵνα 9
σοφώτερος γένωμαι, τί σοι τεκμήριόν ἐστιν, ὡς πάντες
θεοὶ ἡγοῦνται ἐκεῖνον ἀδίκως τεθνάναι, ὃς ἂν θητεύων
ἀνδροφόνος γενόμενος, ξυνδεθεὶς ὑπὸ τοῦ δεσπότου τοῦ
5 ἀποθανόντος, φθάσῃ τελευτήσας διὰ τὰ δεσμά, πρὶν τὸν
ξυνδήσαντα παρὰ τῶν ἐξηγητῶν περὶ αὐτοῦ πυθέσθαι, τί
χρὴ ποιεῖν, καὶ ὑπὲρ τοῦ τοιούτου δὴ ὀρθῶς ἔχει ἐπεξιέναι καὶ ἐπισκήπτεσθαι φόνου τὸν υἱὸν τῷ πατρί· ἴθι,
περὶ τούτων πειρῶ τί μοι σαφὲς ἐνδείξασθαι, ὡς παντὸς
10 μᾶλλον πάντες θεοὶ ἡγοῦνται ὀρθῶς ἔχειν ταύτην τὴν B

1 ἴθι νυν. In B steht ἴθι νῦν; allein wenn νυν folgernd ist, so ist es enklitisch. (Cobet misc. crit. 393). Bei Plato finden wir dieses νυν mit vorausgehendem Imperativ noch: Gorg. 451a ἴθι νυν Politic. 294d φέρε νυν (Alcib. I 114d ἴθι νυν). Bei Xenophon kommen folgende Stellen vor: Anab. VII 2, 26 ἴθι νυν Hell. V 1, 32 ἴτε νυν IV, 1, 39 μέμνησό νυν Cyrop. V 3, 21 ἴθι νυν. Ausserdem erscheint νυν auch in Verbindung mit δή bei Plato: Apol. 24d ἴθι δή νυν Leg. III 693d (86, 9) ἄκουσον δή νυν; unrichtig zieht man hierher: Soph. 224c (13,26), wo in beiden Quellen B und T ἴθι νῦν συναγά- γωμεν und nur im Vindob. ἴθι δή συνάγωμεν steht und infolge- dessen auch in T von jüngerer Hand δή über der Zeile beige- fügt ist; Leg. I 629b (7, 6), wo ἴθι νυν ἀνερώμεθα die massge- bende Überlieferung und δή erst über der Zeile beigesetzt ist. Selbst in behauptenden Sätzen finden wir δή νυν: Leg. III 688e (80, 11) φαμὲν δή νυν III 694c (87, 12) μαντεύομαι δή νυν. Wie in obigen Beispielen bei dem folgernden νυν die Interpolation mit δή eintrat, so an unserer Stelle mit τοι; denn τοίνυν ist in T statt νυν überliefert. Beide Interpo- lationen sind vereinigt Alcib. I 114d(18,1), wo BT ἴθι νυν haben, ein Teil der schlechten Hand- schriften ἴθι τοίνυν, ein anderer ἴθι δή νυν. Durch diese Aus- einandersetzung erledigt sich auch der Zweifel, ob der Sprach- gebrauch prosaisch sei. Kr. zu Dionys. Hist. 502.

2 πάντες θεοί, so BT; an den übrigen Stellen gestaltet sich die Überlieferung also: 9e πάντες οἱ θεοί B πάντες θεοί T gleich darauf πάντες θεοί BT 9d πάν- τες οἱ θεοί BT 10d ὑπὸ θεῶν πάντων BT 11b πάντων θεῶν BT 9b οἱ θεοί ἅπαντες B, οἱ θεοί πάντες T 9c οἱ θεοί ἅπαν- τες BT. An dem Wechsel, selbst in unmittelbarer Nähe, ist kein Anstoss zu nehmen. Vgl. meine nov. comm. 76, wo ich eine Anzahl Beispiele für solchen Wechsel gegeben habe. Sokra- tes stellt nochmals alle Momente des Falls zusammen, um das Ungeheuerliche der Anklage des Euthyphro ersichtlich wer- den zu lassen.

9 παντὸς μᾶλλον, durchaus. Protag. 344b τὸν τύπον αὐτοῦ τὸν ὅλον διεξέλθωμεν καὶ τὴν βούλησιν, ὅτι παντὸς μᾶλλον ἔλεγχός ἐστιν τοῦ Πιττακείου ῥή- ματος διὰ παντὸς τοῦ ᾄσματος. Die ursprüngliche Bedeutung tritt hervor in Stellen wie Gorg. 527b παντὸς μᾶλλον ἀνδρί μελε- τητέον οὐ τὸ δοκεῖν εἶναι ἀγαθόν, ἀλλὰ τὸ εἶναι. Der Ursprung der Formel wurde vergessen und lediglich die Verstärkung ge- fühlt.

πρᾶξιν· κἄν μοι ἱκανῶς ἐνδείξῃ, ἐγκωμιάζων σε ἐπὶ σοφίᾳ οὐδέποτε παύσομαι.

ΕΥΘ. Ἀλλ' ἴσως οὐκ ὀλίγον ἔργον ἐστίν, ὦ Σώκρατες· ἐπεὶ πάνυ γε σαφῶς ἔχοιμι ἂν ἐπιδεῖξαί σοι.

ΣΩ. Μανθάνω· ὅτι σοι δοκῶ τῶν δικαστῶν δυσμαθέστερος εἶναι· ἐπεὶ ἐκείνοις γε ἐνδείξει δῆλον ὅτι, ὡς ἄδικά τέ ἐστιν καὶ οἱ θεοὶ ἅπαντες τὰ τοιαῦτα μισοῦσιν.

ΕΥΘ. Πάνυ γε σαφῶς, ὦ Σώκρατες, ἐάνπερ ἀκούωσί γέ μου λέγοντος.

ΣΩ. Ἀλλ' ἀκούσονται, ἐάνπερ εὖ δοκῇς λέγειν. τόδε δέ σου ἐνενόησα ἅμα λέγοντος, καὶ πρὸς ἐμαυτὸν σκοπῶ· εἰ ὅ τι μάλιστά με Εὐθύφρων διδάξειεν, ὡς οἱ θεοὶ ἅπαντες τὸν τοιοῦτον θάνατον ἡγοῦνται ἄδικον εἶναι, τί μᾶλλον ἐγὼ μεμάθηκα παρ' Εὐθύφρονος, τί ποτ' ἐστὶν τὸ ὅσιόν τε καὶ τὸ ἀνόσιον; θεομισὲς μὲν γὰρ τοῦτο τὸ ἔργον, ὡς ἔοικεν, εἴη ἄν· ἀλλὰ γὰρ οὐ τούτῳ ἐφάνη ἄρτι

---

3 οὐκ ὀλίγον ἔργον, weitschichtig. Mit dieser Phrase sucht sich Euthyphro der Untersuchung zu entziehen; freilich muss er, um sein Ansehen zu retten, eine Einschränkung machen. ἐπεί — γε concessiv. Symp. 187 a ὥσπερ ἴσως καὶ Ἡράκλειτος βούλεται λέγειν, ἐπεὶ τοῖς γε ῥήμασιν οὐ καλῶς λέγει. Aken Tempusund Modusl. § 227. Vgl. 4 b.

5 μανθάνω· ὅτι. Der Satz mit ὅτι begründet den Gedanken οὐκ ὀλίγον ἔργον ἐστίν. Vgl. oben zu 3 b.

6 δῆλον ὅτι. Während in Beispielen wie 7 a ἀλλὰ σὺ δῆλον ὅτι ἐπεκδιδάξεις noch die Formel δῆλον ὅτι in ihrer ursprünglichen Bedeutung gefasst werden kann, liegt hier eine Erstarrung dieser Formel vor, da δῆλον ὅτι ausserhalb der Konstruktion steht. Protag. 324 a πᾶς παντὶ θυμοῦται καὶ νουθετεῖ, δῆλον ὅτι ὡς ἐξ ἐπιμελείας καὶ μαθήσεως κτητῆς οὔσης. Vahlen Beitr. zu Aristot. Poëtik. IV 432.

11 ἐνενόησα. In T steht ἔχομαι statt ἐνενόησα, wohl durch Interpolation wegen des Genetivs.

Allein derselbe ist nicht im mindesten anstössig und erscheint oft bei Plato in dieser Anwendung, vgl. oben zu 7 d und Leg. I 640 a ἀλλ' ἐμοῦ φράζοντος πειρῶ μανθάνειν Rp. II 383 a οὕτως, ἔφη, ἔμοιγε καὶ αὐτῷ φαίνεται σοῦ λέγοντος II 370 a ἐννοῶ γὰρ καὶ αὐτὸς εἰπόντος σοῦ.

16 εἴη ἄν. Abgesehen von dem Fall, wenn εἴη ἄν den Anfang des Satzes bildet, ist diese Stellung viel seltner als ἂν εἴη. 13 d Lach. 189 e σχεδὸν δέ τι καὶ μᾶλλον ἐξ ἀρχῆς εἴη ἄν, wo Badham mit Unrecht an der Stellung Anstoss nimmt.

Euthyphro hatte oben gesagt, dass kein Widerstreit zwischen den Göttern stattfinde, dass der, welcher widerrechtlich einen ermordet, gestraft werden müsse. Also wiederum kommt er auf einen einzelnen Fall zurück. Sokrates zeigt nun, dass, wenn diese Einzelhandlung alle Götter hassen, damit noch nichts über das Wesen des Frommen und Unfrommen ausgesagt ist.

ΕΥΘΥΦΡΩΝ.

ὡρισμένα τὸ ὅσιον καὶ μή· [τὸ γὰρ θεομισὲς ὂν καὶ θεοφιλὲς ἐφάνη·] ὥστε τούτου ἀφίημί σε, ὦ Εὐθύφρον· εἰ βούλει, πάντες αὐτὸ ἡγείσθων θεοὶ ἄδικον καὶ πάντες D μισούντων. ἀλλ' ἆρα τοῦτο νῦν ἐπανορθώμεθα ἐν τῷ
5 λόγῳ, ὡς ὃ μὲν ἂν πάντες οἱ θεοὶ μισῶσιν, ἀνόσιόν ἐστιν, ὃ δ' ἂν φιλῶσιν, ὅσιον· ὃ δ' ἂν οἱ μὲν φιλῶσιν, οἱ δὲ μισῶσιν, οὐδέτερα ἢ ἀμφότερα; ἆρ' οὕτω βούλει ἡμῖν ὡρίσθαι νῦν περὶ τοῦ ὁσίου καὶ τοῦ ἀνοσίου;

ΕΥΘ. Τί γὰρ κωλύει, ὦ Σώκρατες;

10 ΣΩ. Οὐδὲν ἐμέ γε, ὦ Εὐθύφρον, ἀλλὰ σὺ δὴ τὸ σὸν σκόπει, εἰ τοῦτο ὑποθέμενος οὕτω ῥᾷστά με διδάξεις ὃ ὑπέσχου.

1 τὸ ὅσιον καὶ μή, vgl. 15e Phaedr. 277b τὸ ἔντεχνον καὶ μή. Auch mit wiederholtem Artikel wie 12e.

τὸ γὰρ θεομισὲς — ἐφάνη. Diese Worte sind, wie H. v. Kleist Philolog. 41 (1882) p. 355—359 gezeigt hat, interpoliert; denn sie rekurrieren auf die zweite Definition, allein hier handelt es sich um ein Zurückfallen in die erste. τούτῳ bezieht sich wie τούτου und αὐτὸ auf τὸ ἔργον, d. h. auf den durch die Fahrlässigkeit des Vaters des Euthyphro veranlassten Tod des Arbeiters.

2 ἀφίημί σε. Sokrates will, dass bei der Bestimmung der Frömmigkeit von der Beurtheilung des ἔργον, des Einzelfalls, nämlich des θάνατος des Arbeiters abgesehen werde.

εἰ βούλει, Asyndeton explicativum. Vgl zu 11e Euthyd. 285b συγχωρήσωμεν οὖν αὐτοῖν αὐτό· ἀπολεσάντων ἡμῖν τὸ μειράκιον καὶ φρόνιμον ποιησάντων.

3 ἡγείσθων. So ist richtig von der zweiten Hand statt ἡγείσθωσαν in B hergestellt; denn die Imperativendung -ωσαν kommt erst seit 300 v. Chr., also nach dem Tode Platos in Gebrauch. Vgl. Meisterhans Grammatik der att. Inschr. § 39,7 p. 75 Naber comm. II 61. Wie εἰ βού-

λει zeigt, steht der Imperativ hier in der einräumenden Bedeutung. Kr. 54, 4, 2. Protag. 331c εἰ βούλει, ἔστω ἡμῖν καὶ δικαιοσύνη ὅσιον καὶ ὁσιότης δίκαιον Cratyl. 431a ἐθέλω σοι, ὦ Σώκρατες, ξυγχωρῆσαι, καὶ ἔστω οὕτως.

4 ἐπανορθώμεθα, durch Berichtigung feststellen, wie μετατίθεσθαι, nach Änderung seiner Meinung sagen. Der Begriff des Sagens wird aus diesen Verben herausgehoben wie aus andern der Begriff des Thuns (πόλεμον ταράττειν Rp. VIII 567a).

7 οὐδέτερα ἢ ἀμφότερα. Über den Plural Kr. 44,4,3. Crito 52a ἐφιέντων δυοῖν θάτερα ἢ πείθειν ἡμᾶς ἢ ποιεῖν, τούτων οὐδέτερα ποιεῖ.

10 οὐδέν. Charm. 163a τί γὰρ κωλύει; Οὐδὲν ἐμέ γε, ἀλλ' ὅρα.

τὸ σόν, das, was dich betrifft, deine Angelegenheit, steht im Gegensatz zu ἐμέ. Dem Sinne nach wird durch τὸ σὸν σκόπει, ei dasselbe erreicht, als wenn es hiesse σκόπει, εἰ σύ γε. Zur Erläuterung des Sprachgebrauchs kann verglichen werden Rp. VII 533a τὸ γ' ἐμὸν (= ἐγώ) οὐδὲν ἂν προθυμίας ἀπολίποι.

11 οὕτω. Mit οὕτω wird auf den durch das vorausgehende Partizip hervorgerufenen Zustand nachdrücklich zurückge-

Platos Dialoge I.

Ε ΕΥΘ. Ἀλλ' ἔγωγε φαίην ἂν τοῦτο εἶναι τὸ ὅσιον, ὃ ἂν πάντες οἱ θεοὶ φιλῶσιν, καὶ τὸ ἐναντίον, ὃ ἂν πάντες θεοὶ μισῶσιν, ἀνόσιον.

ΣΩ. Οὐκοῦν ἐπισκοπῶμεν αὖ τοῦτο, ὦ Εὐθύφρον, εἰ καλῶς λέγεται, ἢ ἐῶμεν καὶ οὕτως ἡμῶν τε αὐτῶν ἀποδεχώμεθα καὶ τῶν ἄλλων, ἐὰν μόνον φῇ τίς τι ἔχειν οὕτω, ξυγχωροῦντες ἔχειν; ἢ σκεπτέον τί λέγει ὁ λέγων;

ΕΥΘ. Σκεπτέον· οἶμαι μέντοι ἔγωγε τοῦτο νυνὶ καλῶς λέγεσθαι.

ΣΩ. Τάχ', ὠγαθέ, βέλτιον εἰσόμεθα. ἐννόησον γὰρ τὸ τοιόνδε· ἆρα τὸ ὅσιον, ὅτι ὅσιόν ἐστιν, φιλεῖται ὑπὸ τῶν θεῶν, ἢ ὅτι φιλεῖται, ὅσιόν ἐστιν;

ΕΥΘ. Οὐκ οἶδ' ὅ τι λέγεις, ὦ Σώκρατες.

ΣΩ. Ἀλλ' ἐγὼ πειράσομαι σαφέστερον φράσαι. λέγομέν τι φερόμενον καὶ φέρον, καὶ ἀγόμενον καὶ ἄγον, καὶ ὁρώμενον καὶ ὁρῶν· καὶ πάντα τὰ τοιαῦτα μανθάνεις ὅτι ἕτερα ἀλλήλων ἐστὶ καὶ ᾗ ἕτερα;

ΕΥΘ. Ἔγωγέ μοι δοκῶ μανθάνειν.

ΣΩ. Οὐκοῦν καὶ φιλούμενόν τί ἐστιν, καὶ τούτου ἕτερον τὸ φιλοῦν;

---

wiesen. Kr. 56, 10, 3 Frohberger zu Lys. 12, 52.

5 οὕτως—ἀποδεχώμεθα. Hier bezeichnet οὕτω, so ohne weiteres, ursprünglich mit einer deiktischen Bewegung zu denken. Frohberger zu Lys. 25, 31.

7 ἢ σκεπτέον. Hier wird auf den ersten Teil der Frage zurückgegriffen, / um dem Leser einen Wink für die Beantwortung derselben zu geben. Die Erscheinung ist mit der zu 3 b behandelten Palindromie zu vergleichen.

10 τάχα, bald. Diese Bedeutung hat τάχα in der Prosa in Verbindung mit dem Futurum. Soph. 247d λέγε καὶ τάχα εἰσόμεθα; ausser dieser Verbindung hat τάχα die Bedeutung „vielleicht" (in den späteren Dialogen wird oft ἴσως noch hinzugefügt), welche sich wohl nur aus jenen Verbindungen mit dem Futurum entwickelt hat.

ἐννόησον γὰρ τὸ τοιόνδε. Damit beginnt die Widerlegung der ihrer sprachlichen Unbestimmtheit möglichst entkleideten zweiten Definition. Es wird gezeigt, dass die Definition „das Fromme ist das, was allen Göttern lieb ist," ein Accidens statt des Wesens giebt, dass das Fromme, nicht weil es von den Göttern geliebt wird, ein Frommes ist, sondern dass es, weil es ein solches ist, von den Göttern geliebt wird. Sokrates macht den Unterschied zwischen Ursache und Wirkung, den Euthyphro nicht begreift (es geschieht dies nicht ohne Spitzfindigkeit), an mehreren Beispielen klar, welche von der Kategorie des Aktivs und Passivs (vgl. Gorg. 476b) ausgehen; ein Ding erhält die Eigenschaft φερόμενον zu sein, weil es φέρεται, nicht aber findet das φέρεται statt, weil es φερόμενον ist.

ΕΥΘ. Πῶς γὰρ οὔ;

ΣΩ. Λέγε δή μοι, πότερον τὸ φερόμενον, διότι φέρεται, φερόμενόν ἐστιν, ἢ δι' ἄλλο τι;

ΕΥΘ. Οὔκ, ἀλλὰ διὰ τοῦτο.

ΣΩ. Καὶ τὸ ἀγόμενον δή, διότι ἄγεται, καὶ τὸ ὁρώμενον, διότι ὁρᾶται;

ΕΥΘ. Πάνυ γε.

ΣΩ. Οὐκ ἄρα διότι ὁρώμενόν γέ ἐστιν, διὰ τοῦτο ὁρᾶται, ἀλλὰ τοὐναντίον διότι ὁρᾶται, διὰ τοῦτο ὁρώμενον· οὐδὲ διότι ἀγόμενόν ἐστιν, διὰ τοῦτο ἄγεται, ἀλλὰ διότι ἄγεται, διὰ τοῦτο ἀγόμενον· οὐδὲ διότι φερόμενον, φέρεται, ἀλλὰ διότι φέρεται, φερόμενον. ἆρα κατάδηλον, ὦ Εὐθύφρον, ὃ βούλομαι λέγειν; βούλομαι δὲ τόδε, ὅτι, εἴ τι γίγνεται ἤ τι πάσχει, οὐχ ὅτι γιγνόμενόν ἐστι, γίγνεται, ἀλλ' ὅτι γίγνεται, γιγνόμενόν ἐστιν· οὐδ' ὅτι πάσχον ἐστί, πάσχει, ἀλλ' ὅτι πάσχει, πάσχον ἐστίν· ἢ οὐ ξυγχωρεῖς οὕτως;

ΕΥΘ. Ἔγωγε.

ΣΩ. Οὐκοῦν καὶ τὸ φιλούμενον ἢ γιγνόμενόν τί ἐστιν ἢ πάσχον τι ὑπό του;

ΕΥΘ. Πάνυ γε.

ΣΩ. Καὶ τοῦτο ἄρα οὕτως ἔχει, ὥσπερ τὰ πρότερα· οὐχ ὅτι φιλούμενόν ἐστιν, φιλεῖται ὑπὸ ὧν φιλεῖται, ἀλλ' ὅτι φιλεῖται, φιλούμενον;

ΕΥΘ. Ἀνάγκη.

ΣΩ. Τί δὴ οὖν λέγομεν περὶ τοῦ ὁσίου, ὦ Εὐθύφρον; ἄλλο τι φιλεῖται ὑπὸ θεῶν πάντων, ὡς ὁ σὸς λόγος;

ΕΥΘ. Ναί.

ΣΩ. Ἆρα διὰ τοῦτο, ὅτι ὅσιόν ἐστιν, ἢ δι' ἄλλο τι;

ΕΥΘ. Οὔκ, ἀλλὰ διὰ τοῦτο.

ΣΩ. Διότι ἄρα ὅσιόν ἐστιν, φιλεῖται, ἀλλ' οὐχ ὅτι φιλεῖται, διὰ τοῦτο ὅσιόν ἐστιν;

ΕΥΘ. Ἔοικεν.

ΣΩ. Ἀλλὰ μὲν δὴ διότι γε φιλεῖται ὑπὸ θεῶν, φιλούμενόν ἐστι καὶ θεοφιλὲς ˙τὸ θεοφιλές˙.

35 τὸ θεοφιλές, das in der gesamten Überlieferung fehlt, wurde von Bast hinzugesetzt, und zwar mit vollem Recht; denn aus dem nachfolgenden οὐκ ἄρα τὸ θεοφιλές — τούτου ergiebt sich, dass es 1) sich um das Verhältnis der zwei Begriffe zueinander handelt, nämlich des ὅσιον und des θεοφιλές, 2) dass sich die Verschiedenheit der zwei Begriffe, wie ἄρα

ΕΥΘ. Πῶς γὰρ οὔ;

ΣΩ. Οὐκ ἄρα τὸ θεοφιλὲς ὅσιόν ἐστιν, ὦ Εὐθύφρον, οὐδὲ τὸ ὅσιον θεοφιλές, ὡς σὺ λέγεις, ἀλλ᾽ ἕτερον τοῦτο τούτου.

ΕΥΘ. Πῶς δή, ὦ Σώκρατες;

ΣΩ. Ὅτι ὁμολογοῦμεν τὸ μὲν ὅσιον διὰ τοῦτο φιλεῖσθαι, ὅτι ὅσιόν ἐστιν, ἀλλ᾽ οὐ διότι φιλεῖται, ὅσιον εἶναι· ἦ γάρ;

ΕΥΘ. Ναί.

ΣΩ. Τὸ δέ γε θεοφιλὲς ὅτι φιλεῖται ὑπὸ θεῶν, αὐτῷ τούτῳ τῷ φιλεῖσθαι θεοφιλὲς εἶναι, ἀλλ᾽ οὐχ ὅτι θεοφιλές, διὰ τοῦτο φιλεῖσθαι.

ΕΥΘ. Ἀληθῆ λέγεις.

ΣΩ. Ἀλλ᾽ εἴ γε ταὐτὸν ἦν, ὦ φίλε Εὐθύφρον, τὸ θεο-

zeigt, aus dem Vorangehenden herausstellt. Eine solche Verschiedenheit ist aber keineswegs angedeutet, wenn τὸ θεοφιλές nicht hinzugesetzt wird; denn es wird dann von dem ὅσιον gerade das θεοφιλές ausgesagt. Aber Sokrates führt ja auch noch näher aus, welche Zugeständnisse im Vorausgehenden diese Verschiedenheit der Begriffe ὅσιον und θεοφιλές begründen. Wir finden nun 1) das Zugeständnis in Bezug auf das ὅσιον, dass das Fromme geliebt wird, weil es ein Frommes ist, aber nicht umgekehrt, genau im Vorhergehenden διότι — ὅσιόν ἐστιν, 2) dagegen das Zugeständnis in Bezug auf das θεοφιλές, dass nämlich das θεοφιλές ein solches ist, weil es von den Göttern geliebt ist, finden wir nur, wenn τὸ θεοφιλές hinzugefügt wird. Die Versuche Grasers Zeitschr. für Alterthumsw. 1842 p. 569 und Schultzes Über Platons Euthyphron p. 12 Anm. 1, die Stelle nach der Überlieferung zu erklären, sind unbedingt zu verwerfen.

14 ἀλλ᾽ εἴ γε ταὐτὸν ἦν τὸ θεοφιλὲς καὶ τὸ ὅσιον. Auf Grund dieser Annahme gliedert sich die Apodosis in zwei Teile, indem untersucht wird, was sich alsdann 1) für das ὅσιον und 2) für das θεοφιλές ergeben würde. In Schlussform lassen sich die Gedanken so geben: I. das ὅσιον wird geliebt, weil es ὅσιον ist, II. das θεοφιλές ist ein solches, weil es von den Göttern geliebt ist. Die Identität beider Begriffe vorausgesetzt, so würde sich für den ersten Satz, wenn man statt ὅσιον θεοφιλές substituiert, ergeben: τὸ θεοφιλὲς φιλεῖται διὰ τὸ θεοφιλὲς εἶναι, was unmöglich; denn, wie der zweite Satz besagt, ist das θεοφιλές ein solches nur διὰ τὸ φιλεῖσθαι ὑπὸ θεῶν, aber nicht umgekehrt. Wird in dem zweiten Satz die Substitution vorgenommen, so erhalten wir: das ὅσιον ist ὅσιον, weil es von den Göttern geliebt wird. Dies ist aber wiederum unrichtig, denn, wie der erste Satz darthut, wird das Geliebtwerden von dem ὅσιον hervorgerufen, nicht umgekehrt. Das verschiedene Verhalten zu dem φιλεῖσθαι soll die Verschiedenheit der Begriffe ὅσιον und θεοφιλές begründen; das ὅσιον ist θεοφιλές, weil es fromm ist; das θεοφιλές ist θεοφιλές, weil es von den Göttern geliebt ist.

φιλὲς καὶ τὸ ὅσιον, εἰ μὲν διὰ τὸ ὅσιον εἶναι ἐφιλεῖτο τὸ
ὅσιον, καὶ διὰ τὸ θεοφιλὲς εἶναι ἐφιλεῖτο ἂν τὸ θεοφι- 11
λές, εἰ δὲ διὰ τὸ φιλεῖσθαι ὑπὸ θεῶν τὸ θεοφιλὲς θεοφιλὲς ἦν, καὶ τὸ ὅσιον ἂν διὰ τὸ φιλεῖσθαι ὅσιον ἦν·
5 νῦν δὲ ὁρᾷς ὅτι ἐναντίως ἔχετον, ὡς παντάπασιν ἑτέρω
ὄντε ἀλλήλων. τὸ μὲν γάρ, ὅτι φιλεῖται, ἐστὶν οἷον φι-
λεῖσθαι· τὸ δ' ὅτι ἐστὶν οἷον φιλεῖσθαι, διὰ τοῦτο φιλεῖται. καὶ κινδυνεύεις, ὦ Εὐθύφρον, ἐρωτώμενος τὸ
ὅσιον, ὅ τί ποτ' ἔστιν, τὴν μὲν οὐσίαν μοι αὐτοῦ οὐ βού-
10 λεσθαι δηλῶσαι, πάθος δέ τι περὶ αὐτοῦ λέγειν, ὅ τι
πέπονθε τοῦτο τὸ ὅσιον, φιλεῖσθαι ὑπὸ πάντων θεῶν· B
ὅ τι δὲ ὄν, οὔπω εἶπες. εἰ οὖν σοι φίλον, μή με ἀποκρύψῃ, ἀλλὰ πάλιν εἰπὲ ἐξ ἀρχῆς, τί ποτε ὂν τὸ ὅσιον
εἴτε φιλεῖται ὑπὸ θεῶν εἴτε ὁτιδὴ πάσχει· οὐ γὰρ περὶ
15 τούτου διοισόμεθα· ἀλλ' εἰπὲ προθύμως, τί ἐστιν τό τε
ὅσιον καὶ τὸ ἀνόσιον;

ΕΥΘ. Ἀλλ', ὦ Σώκρατες, οὐκ ἔχω ἔγωγε ὅπως σοι
εἴπω ὃ νοῶ. περιέρχεται γάρ πως ἡμῖν ἀεὶ ὃ ἂν προθώ-
μεθα, καὶ οὐκ ἐθέλει μένειν ὅπου ἂν ἱδρυσώμεθα αὐτό.
20 ΣΩ. Τοῦ ἡμετέρου προγόνου, ὦ Εὐθύφρον, ἔοικεν
εἶναι Δαιδάλου τὰ ὑπὸ σοῦ λεγόμενα. καὶ εἰ μὲν αὐτὰ C
ἐγὼ ἔλεγον καὶ ἐτιθέμην, ἴσως ἄν με ἐπέσκωπτες, ὡς

---

6 οἷον φιλεῖσθαι Rp. IV 438b τὸ μεῖζον τοιοῦτόν ἐστιν οἷόν τινος εἶναι μεῖζον Rp. II 381e οἱ θεοί εἰσιν οἷοι μὴ μεταβάλλειν.
10 πάθος — ὅ τι πέπονθε; der Satz mit ὅ τι — ὅσιον ist wohl nicht von πάθος abhängig zu machen, sondern tritt epexegetisch hinzu, φιλεῖσθαι ist dann die Erläuterung zu ὅ τι. Xen. Anab. 1, 6, 9 ἀπόφηναι γνώμην ὅ τι σοι δοκεῖ Mem. 4, 4, 11 Meno 72b μελίττης περὶ οὐσίας, ὅ τί ποτ' ἐστίν. Das Resultat der Erörterung ist, dass die Definition des ὅσιον als Gottgeliebtes leer ist, sie giebt eine Konsequenz des Frommen, aber nicht das Wesen.
12 ὄν, nämlich φιλεῖται.
14 ὁτιδή, Kr. 51, 15, 1 Hertlein zu Xen. Cyrop. 3, 2, 22.
18 περιέρχεται. Lach. 194b νοεῖν μὲν γάρ ἔμοιγε δοκῶ περὶ ἀνδρείας

ὅ τι ἐστίν, οὐκ οἶδα δ' ὅπῃ με ἄρτι διέφυγεν, ὥστε μὴ ξυλλαβεῖν τῷ λόγῳ αὐτὴν καὶ εἰπεῖν ὅ τι ἐστίν.
20 τοῦ ἡμετέρου προγόνου — Δαιδάλου. Alcib. I 121a sagt Sokrates: καὶ γὰρ τὸ ἡμέτερον (γένος ἀναφέρεται) εἰς Δαίδαλον, ὁ δὲ Δαίδαλος εἰς Ἥφαιστον τὸν Διός. In der Familie des Sokrates wurde nämlich die Bildhauerkunst betrieben; Dädalus (der Name ist appellativ, δαιδάλλειν) wurde aber als Ahnherr der Bildhauer betrachtet; diese Anschauung entstand dadurch, dass sich ein Kunstzweig in den Familien forterbte. — Bezüglich der Trennung des Wortes Δαιδάλου von προγόνου vgl. Euthyd. 271b τοῦ ἡμετέρου οὐ πολύ τι τὴν ἡλικίαν διαφέρειν (ἔδοξεν) Κριτοβούλου.

ἄρα καὶ ἐμοὶ κατὰ τὴν ἐκείνου ξυγγένειαν τὰ ἐν τοῖς λόγοις ἔργα ἀποδιδράσκει καὶ οὐκ ἐθέλει μένειν ὅπου ἄν τις αὐτὰ θῇ· νῦν δὲ σαὶ γὰρ αἱ ὑποθέσεις εἰσίν· ἄλλου δή τινος δεῖ σκώμματος. οὐ γὰρ ἐθέλουσι σοὶ μένειν, ὡς καὶ αὐτῷ σοι δοκεῖ.

ΕΥΘ. Ἐμοὶ δὲ δοκεῖ σχεδόν τι τοῦ αὐτοῦ σκώμματος, ὦ Σώκρατες, δεῖσθαι τὰ λεγόμενα· τὸ γὰρ περιιέναι τούτοις τοῦτο καὶ μὴ μένειν ἐν τῷ αὐτῷ οὐκ ἐγώ εἰμι ὁ

1 κατὰ τὴν ἐκείνου ξυγγένειαν. Vgl. damit die bei Thukydides üblichen Ausdrücke κατὰ τὸ ξυγγενές, κατὰ (τὴν) ξυγγένειαν „der Stammverwandtschaft wegen." Kr. zu Thuk. 1, 6, 3. Der Genetiv ἐκείνου ist umsoweniger auffallend, weil auch συγγενής den Gen. regiert Kr. 48, 13, 5.

2 ἀποδιδράσκει Theaet. 203d καὶ οὕτως ἡμῖν ὁ καλὸς λόγος ἀποδεδρακὼς οἰχήσεται Meno 97d (τὰ Δαιδάλου ἀγάλματα) ἐὰν μὲν μὴ δεδεμένα ᾖ, ἀποδιδράσκει καὶ δραπετεύει, ἐὰν δὲ δεδεμένα, παραμένει. „Der Fortschritt gegen die ältesten Bilder bestand darin, dass Dädalus an seinen Statuen die Augen öffnete, so dass sie zu blicken, die Füsse trennte, so dass sie zu schreiten schienen. Deshalb rühmt die Sage an diesen Statuen auch die grosse Lebendigkeit in verschiedenen Ausdrücken, z. B. dass Herakles mit einem Steine nach seinem Bilde warf, dass man sie binden muss, damit sie nicht davonlaufen, und was dgl. mehr ist. Dass von diesem Charakter der Lebendigkeit nur gegenüber der leblosen Steifheit der ältesten Bilder die Rede sein kann, versteht sich von selbst." Overbeck Gesch. der Plastik I 36. Diod. Sic. 4, 76 κατὰ δὲ τὴν τῶν ἀγαλμάτων κατασκευὴν τοσοῦτο τῶν ἁπάντων ἀνθρώπων διήνεγκεν (Δαίδαλος), ὥστε τοὺς μεταγενεστέρους μυθολογῆσαι περὶ αὐτοῦ, διότι τὰ κατασκευαζόμενα τῶν ἀγαλμάτων ὁμοιότατα τοῖς ἐμψύχοις ὑπάρχειν· βλέπειν τε γὰρ αὐτὰ καὶ περιπατεῖν καὶ καθόλου τηρεῖν τὴν τοῦ ὅλου σώματος διάθεσιν, ὥστε δοκεῖν εἶναι τὸ κατασκευασθὲν ἔμψυχον ζῷον.

3 νῦν δὲ — γάρ. Diese Verbindung erscheint bei Plato: unten 14c Symp. 180c Apol. 38b Theaet. 143d Protag. 347a Lach. 184d 200e Charm. 175b. Die Herausgeber nehmen in der Regel eine Ellipse nach νῦν δὲ an; richtiger wird es sein, die Konstruktion nach Analogie von ἀλλὰ γάρ zu betrachten und demgemäss γάρ als bekräftigende Partikel zu fassen. Auch die Annahme einer Parenthese nach νῦν δέ, die an Stellen möglich ist, wo das, was geschieht oder zu geschehen hat, asyndetisch oder mit δή angefügt wird (Prot. 347a Lach. 184d Theaet. 143d Euthyphro 11b 14c), ist der Konsequenz wegen zu vermeiden.

8 τούτοις gehört zu ὁ ἐντιθείς, diese Stellung erklärt sich nur dadurch, dass die Paronomasie von τούτοις und τοῦτο hervorgerufen werden soll. Xenoph. Anab. 5, 6, 2 καλέσαντες οὖν τοὺς πρέσβεις συνεβουλεύοντο καὶ ἠξίουν Ἕλληνας ὄντας Ἕλλησι τούτῳ πρῶτον καλῶς δέχεσθαι, τῷ εὔνους τε εἶναι καὶ τὰ κάλλιστα συμβουλεύειν, wo Ἕλλησι von εὔνους abhängt Phaedr. 239a τοσούτων κακῶν καὶ ἔτι πλειόνων κατὰ τὴν διάνοιαν ἐραστὴν ἐρωμένῳ ἀνάγκη γιγνομένων τε καὶ φύσει ἐνόντων μὲν ἥδεσθαι, τὰ δὲ παρασκευάζειν, ἢ στέρεσθαι τοῦ παραυτίκα ἡδέος Phaedo 71c αἱ γενέσεις

ἐντιθείς, ἀλλὰ σύ μοι δοκεῖς ὁ Δαίδαλος· ἐπεὶ ἐμοῦ γε D
ἕνεκα ἔμενεν ἂν ταῦτα οὕτως.

ΣΩ. Κινδυνεύω ἄρα, ὦ ἑταῖρε, ἐκείνου τοῦ ἀνδρὸς
δεινότερος γεγονέναι τὴν τέχνην τοσούτῳ, ὅσῳ ὁ μὲν τὰ
5 αὑτοῦ μόνα ἐποίει οὐ μένοντα, ἐγὼ δὲ πρὸς τοῖς ἐμαυ-
τοῦ, ὡς ἔοικε, καὶ τὰ ἀλλότρια. καὶ δῆτα τοῦτό μοι τῆς
τέχνης ἐστὶ κομψότατον, ὅτι ἄκων εἰμὶ σοφός. ἐβουλόμην
γὰρ ἄν μοι τοὺς λόγους μένειν καὶ ἀκινήτως ἱδρῦσθαι
μᾶλλον ἢ πρὸς τῇ Δαιδάλου σοφίᾳ τὰ Ταντάλου χρήματα E
10 γενέσθαι. καὶ τούτων μὲν ἄδην· ἐπειδὴ δέ μοι δοκεῖς σὺ
τρυφᾶν, αὐτός σοι ξυμπροθυμήσομαι [δεῖξαι] ὅπως ἂν

εἰσὶν αὐτοῖν μεταξὺ δύο δυοῖν ὄντοιν Thukyd. 6, 87, 4 ἐν παντὶ γὰρ πᾶς χωρίῳ, κἂν ᾧ μὴ ὑπάρχομεν κτλ. Vgl. Haupt opusc. II 185. Diese durch die Stellung hervorgerufene Paronomasie spricht auch gegen die Überlieferung αὑτοῖς in T.

1 ἐμοῦ γε ἕνεκα „wenn es von mir abhinge." Kr. 68, 19, 2 Heindorf zu Charm. 158e Westermann zu Dem. 3, 14.

4 ὅσῳ. Der Gedanke würde vollständig so lauten: um soviel tüchtiger bin ich als Dädalus, um wieviel derjenige tüchtiger ist, der nicht bloss die eigenen, sondern auch die fremden Werke zum Gehen bringt, als der, welcher dies bloss bei seinen eigenen Werken vermag. Indem an Stelle des Vergleichs der Gegensatz tritt, wird ὅσῳ zu „insoweit." Xen. Cyr. 6, 2, 19 (Κροῖσος) Σύρων κακίων ἐγένετο, ὅσῳ Σύροι μὲν μάχῃ ἡττηθέντες ἔφυγον, Κροῖσος δὲ ἰδὼν ἡττημένους ἀντὶ τοῦ ἀρήγειν τοῖς συμμάχοις φεύγων ᾤχετο.

6 τῆς τέχνης von τοῦτο abhängig, die Seite der Kunst.

8 ἀκινήτως. Thuk. 8, 40, 2 ἡ στρατιὰ τῶν Ἀθηναίων βεβαίως ἔδοξε μετὰ τείχους ἱδρῦσθαι.

9 τὰ Ταντάλου χρήματα. Phaedr. 228a καίτοι ἐβουλόμην γ' ἂν μᾶλλον ἤ μοι πολὺ χρυσίον γενέσθαι. Als Repräsentanten eines grossen Reichtums erscheinen bei Plato ausser Tantalos (Preller Gr. Myth.[3] II 380, 4) Dareios Lys. 211e νὴ τὸν κύνα, μᾶλλον ἢ τὸ Δαρείου χρυσίον κτήσασθαι δεξαίμην πολὺ πρότερον ἑταῖρον, ferner Polykrates Meno 90a, endlich Kinyras und Midas Leg. II 660e ἐὰν δὲ ἄρα πλουτῇ Κινύρα τε καὶ Μίδα μᾶλλον. Plato beabsichtigt mit Τάνταλος zugleich einen Anklang an Δαίδαλος herzustellen.

10 καὶ τούτων μὲν ἄδην. Rp. I 341c ἄδην, ἦν δ' ἐγώ, τῶν τοιούτων Politic. 287a καὶ τούτων μὲν ἅλις Xen. Cyr. 8, 7, 25 καὶ τούτων μὲν ἴσως ἤδη ἅλις.

11 τρυφᾶν vgl. 12a. Gegensatz: συντείνειν ἑαυτόν.

αὐτός σοι ξυμπροθυμήσομαι δεῖξαι. Diese Worte können nur heissen: ich werde dir helfen zu zeigen; Lach. 200e μὴ ἐθέλειν τῷ ξυμπροθυμεῖσθαι ὡς βελτίστῳ γενέσθαι. Man erwartet nun ein Objekt zu δεῖξαι. Dasselbe wird in dem Satz mit ὅπως gefunden, nachdem man statt διδάξῃς geschrieben διδάξαις. Allein auch nach dieser Verbesserung entsteht ein unnatürlicher Gedanke: ich will dir helfen zu zeigen, wie du mich über das Fromme belehren könntest. Ein erträglicher Gedanke entsteht durch Tilgung des δεῖξαι, wobei dann auch die Notwendigkeit, das διδάξῃς in διδάξαις zu verwandeln, wegfällt. „Ich

με διδάξης περὶ τοῦ ὁσίου καὶ μὴ προαποκάμῃς. ἰδὲ γὰρ εἰ οὐκ ἀναγκαῖόν σοι δοκεῖ.δίκαιον εἶναι πᾶν τὸ ὅσιον.

ΕΥΘ. Ἔμοιγε.

ΣΩ. Ἆρ᾽ οὖν καὶ πᾶν τὸ δίκαιον ὅσιον, ἢ τὸ μὲν ὅσιον πᾶν δίκαιον, τὸ δὲ δίκαιον οὐ πᾶν ὅσιον, ἀλλὰ τὸ μὲν αὐτοῦ ὅσιον, τὸ δέ τι καὶ ἄλλο;

ΕΥΘ. Οὐχ ἕπομαι, ὦ Σώκρατες, τοῖς λεγομένοις.

ΣΩ. Καὶ μὴν νεώτερός γέ μου εἶ οὐκ ἐλάττονι ἢ ὅσῳ σοφώτερος· ἀλλ᾽, ὃ λέγω, τρυφᾷς ὑπὸ πλούτου τῆς σοφίας. ἀλλ᾽, ὦ μακάριε, ξύντεινε σαυτόν· καὶ γὰρ οὐδὲ

will mit dir arbeiten, damit du mich über das Fromme belehrst." Hiermit deutet Sokrates an, dass er von nun an die leitende Stelle bei der Ausfindigmachung der Definition übernimmt.

2 Zur Gewinnung einer neuen Definition wird das Verhältnis der Begriffe ὅσιος und δίκαιος untersucht. Dass sich beide Begriffe sehr nahestehen, zeigt ihre häufige Verbindung z. B. Leg. II 661 b δικαίοις καὶ ὁσίοις ἀνδράσιν Politic. 301 d τὰ δίκαια καὶ ὅσια Rp. V 461 a 463 d Leg. VIII 840 e ὁσίως καὶ δικαίως Rp. II 363 a τὰς παρὰ θεῶν εὐδοκιμήσεις ἐμβάλλοντες ἄφθονα ἔχουσι λέγειν ἀγαθά, τοῖς ὁσίοις ἅ φασι θεοὺς διδόναι, ὥσπερ ὁ γενναῖος Ἡσίοδός τε καὶ Ὅμηρός φασιν, ὁ μὲν τὰς δρῦς τοῖς δικαίοις τοὺς θεοὺς ποιεῖν Gomperz Sitzungsber. der Wiener Akad. 79 (1875) 250 Schmidt Ethik I 308. Es fragt sich, welches ist der Gattungsbegriff, welches der Artbegriff. Die Untersuchung ergiebt, dass das δίκαιον, welches hier allgemein im Sinne des sittlichen, rechten Verhaltens gebraucht wird, der Gattungs-, das ὅσιον der Artbegriff ist. Über die Terminologie vgl. Hug Symp. 205 b.

6 τὸ δέ τι. Das τι tritt hinzu, um die Unbestimmtheit hervorzuheben; Kr. 50, 1, 9.

7 ἕπομαι, folge, im übertragenen Sinne; auf die eigentliche Bedeutung spielt Sokrates mit dem Worte νεώτερος an.

8 οὐκ ἐλάττονι ἤ, Ersatz für τοσούτῳ.

9 πλούτου τῆς σοφίας. Xen. Cyr. 8, 3, 39 πολὺ οἴομαί σε καὶ διὰ τοῦτο ἥδιον πλουτεῖν, ὅτι πεινήσας χρημάτων πεπλούτηκας Rp. VII 521 a ἐν μόνῃ γὰρ αὐτῇ (τῇ πόλει) ἄρξουσιν οἱ τῷ ὄντι πλούσιοι, οὐ χρυσίου, ἀλλ᾽ οὗ δεῖ τὸν εὐδαίμονα πλουτεῖν, ζωῆς ἀγαθῆς τε καὶ ἔμφρονος Phaedr. 279 c πλούσιον δὲ νομίζοιμι τὸν σοφόν.

10 οὐδὲ χαλεπόν. Naber schreibt οὐδὲν für οὐδέ. Obwohl die Verstärkung der Negation bei χαλεπόν sehr häufig bei Plato ist, wie Leg. IX 860 a οὐδὲν χαλεπὸν ἐννοεῖν Rp. X 608 d σὺ δὲ τοῦτ᾽ ἔχεις λέγειν;— οὐδὲν γὰρ χαλεπόν Phileb. 37 c ἀλλ᾽ οὐδὲν τοῦτό γε χαλεπὸν ἰδεῖν Symp. 201 c Σωκράτει γε (ἀντιλέγειν) οὐδὲν χαλεπόν Politic. 285 e οὐδὲν χαλεπὸν δηλοῦν 310 e χαλεπὸν οὐδὲν ξυνδεῖν Rp. V 445 a ἐν μὲν τῷ παραχρῆμα ἱκανῶς εἰπεῖν οὐ ῥάδιον, ἐπισκεψαμένῳ δὲ οὐδὲν χαλεπόν, und obwohl die Verwechslung von οὐδέν und οὐδέ eine ungemein häufige ist vgl. Cobet nov. lect. 628 Cratyl. 74, 20, so liegt doch ein ausreichender Grund für diese Änderung nicht vor, vgl. Leg. II 673 c ποιητέον· οὐδὲ γὰρ πάνυ χαλεπόν ἐστιν εἰπεῖν ὑμῖν γε ἀμφοτέροις γνώριμα.

χαλεπὸν κατανοῆσαι ὃ λέγω. λέγω γὰρ δὴ τὸ ἐναντίον ἢ ὁ ποιητὴς ἐποίησεν ὁ ποιήσας

Ζῆνα δὲ τόν θ' ἔρξαντα, καὶ ὃς τάδε πάντ' ἐφύτευσεν,

5 Οὐκ ἐθέλεις εἰπεῖν· ἵνα γὰρ δέος, ἔνθα καὶ αἰδώς.

ἐγὼ οὖν τούτῳ διαφέρομαι τῷ ποιητῇ. εἴπω σοι ὅπῃ;

ΕΥΘ. Πάνυ γε.

10 ΣΩ. Οὐ δοκεῖ μοι εἶναι, ἵνα δέος, ἔνθα καὶ αἰδώς·

2 ὁ ποιητὴς ὁ ποιήσας, Die nachfolgenden Verse sind aus den Kypria, einem Gedichte, welches die Begebenheiten, die vor die Ilias fallen, schilderte. Seinen Namen führt das Gedicht davon, dass es auf der Insel Kypros entstanden ist. Wer der Verfasser war, wusste man selbst in den ältesten Zeiten nicht mehr. Herodot. II 117 δηλοῖ ὅτι οὐχ Ὁμήρου τὰ Κύπρια ἔπεά ἐστι, ἀλλ' ἄλλου τινός Arist. Poët. c. 23 οἷον ὁ τὰ Κύπρια ποιήσας. Auch Plato scheint durch den unbestimmten Ausdruck ὁ ποιητής — ὁ ποιήσας anzudeuten, dass der Verfasser unbekannt war (Bergk Gr. Lit. II 45 Anm. 45). Ebenso unbestimmt Plutarch de cohib. ira 11 Cleom. 9, 4. In der späteren Zeit (vgl. die Stellen bei Bernhardy Gr. Lit. II a 255 Anm.) wird das Gedicht dem Stasinus (so auch das Scholion zu unserer Stelle εἴρηται δὲ ἐκ τῶν Στασίνου Κυπρίων) oder Hegesias beigelegt. Der Satz ἵνα γὰρ δέος, ἔνθα καὶ αἰδὼς scheint viel gebraucht worden zu sein, auch bei Epicharmos finden wir denselben: ἔνθα δέος, ἐνταῦθα καὶ αἰδώς. Lorenz Epich. 276 nr. 58.

10 δέος — αἰδώς. Der Dichter fasst die Worte in der Bedeutung „Furcht — Scheu." Im gleichen Sinne sind beide Ausdrücke verbunden Rp. V 465a, wo Plato darlegt, dass in seinem Idealstaat nicht vorkommen könne, dass ein jüngerer einen älteren misshandle: ἱκανῶ γὰρ τῷ φύλακε κωλύοντε, δέος τε καὶ αἰδώς, αἰδὼς μὲν ὡς γονέων μὴ ἅπτεσθαι εἴργουσα, δέος δὲ τὸ τῷ πάσχοντι τοὺς ἄλλους βοηθεῖν, τοὺς μὲν ὡς υἱεῖς, τοὺς δὲ ὡς ἀδελφούς, τοὺς δὲ ὡς πατέρας, vgl. Schmidt Ethik I 178. Hier aber werden δέος — αἰδώς von Plato interpretiert „Furcht — Scham." Die Furcht soll der weitere Begriff sein, die Scham der engere, insofern darunter eine spezielle Furcht, die Furcht vor Schande zu verstehen ist. Diese Furcht nennt er Leg. I 646e αἰσχύνη; dort, wo er zwei Arten des φόβος unterscheidet, heisst es von einer: φοβούμεθα δέ γε πολλάκις δόξαν ἡγούμενοι δοξάζεσθαι κακοὶ πράττοντές ἢ λέγοντές τι τῶν μὴ καλῶν, ὃν δὴ καὶ καλοῦμεν τὸν φόβον ἡμεῖς γε, οἶμαι δὲ καὶ πάντες, αἰσχύνην. Der Deutlichkeit wegen verbindet er daher αἰδούμενος und αἰσχυνόμενος (Leg. II 671d φόβον ὃν αἰδῶ τε καὶ αἰσχύνην ὠνομάκαμεν). Nach Sokrates soll δέος der übergeordnete, höhere, αἰδώς der niedere, untergeordnete Begriff sein. Um dies Verhältnis zu bezeichnen, gebraucht er bei dem Mangel einer festen, ausgebildeten Terminologie folgende Formeln: 1) ἐπὶ πλέον δέος αἰδοῦς 2) αἰδὼς μόριον δέους. Nun ist aber der höhere Begriff (a) der anwesent-

πολλοὶ γάρ μοι δοκοῦσι καὶ νόσους καὶ πενίας καὶ ἄλλα
πολλὰ τοιαῦτα δεδιότες δεδιέναι μέν, αἰδεῖσθαι δὲ μηδὲν
ταῦτα ἃ δεδίασιν. οὐ καὶ σοὶ δοκεῖ;
ΕΥΘ. Πάνυ γε.
ΣΩ. Ἀλλ' ἵνα γε αἰδώς, ἔνθα καὶ δέος εἶναι· ἐπεὶ 5
ἔστιν ὅστις αἰδούμενός τι πρᾶγμα καὶ αἰσχυνόμενος οὐ
C πεφόβηταί τε καὶ δέδοικεν ἅμα δόξαν πονηρίας;
ΕΥΘ. Δέδοικε μὲν οὖν.
ΣΩ. Οὐκ ἄρ' ὀρθῶς ἔχει λέγειν· ἵνα γὰρ δέος, ἔνθα
καὶ αἰδώς· ἀλλ' ἵνα μὲν αἰδώς, ἔνθα καὶ δέος, οὐ μέντοι 10
ἵνα γε δέος, πανταχοῦ αἰδώς. ἐπὶ πλέον γὰρ οἶμαι δέος
αἰδοῦς· μόριον γὰρ αἰδὼς δέους, ὥσπερ ἀριθμοῦ περιττόν, ὥστε οὐχ ἵναπερ ἀριθμός, ἔνθα καὶ περιττόν, ἵνα
δὲ περιττόν, ἔνθα καὶ ἀριθμός. ἔπει γάρ που νῦν γε;
ΕΥΘ. Πάνυ γε. 15
ΣΩ. Τὸ τοιοῦτον τοίνυν καὶ ἐκεῖ λέγων ἠρώτων, ἆρα
ἵνα δίκαιον, ἔνθα καὶ ὅσιον, ἢ ἵνα μὲν ὅσιον, ἔνθα καὶ
D δίκαιον, ἵνα δὲ δίκαιον, οὐ πανταχοῦ ὅσιον· μόριον γὰρ
τοῦ δικαίου τὸ ὅσιον. οὕτω φῶμεν ἢ ἄλλως σοι δοκεῖ;
ΕΥΘ. Οὔκ, ἀλλ' οὕτω. φαίνει γάρ μοι ὀρθῶς λέγειν. 20
ΣΩ. Ὅρα δὴ τὸ μετὰ τοῦτο. εἰ γὰρ μέρος τὸ ὅσιον
τοῦ δικαίου, δεῖ δὴ ἡμᾶς, ὡς ἔοικεν, ἐξευρεῖν τὸ ποῖον

---

lichen Merkmalen ärmere, der niedere der an wesentlichen Merkmalen reichere (a+x), es ist daher der höhere Begriff (a) da, wo der niedere ist (a+x), aber nicht umgekehrt. Diese Anschauung ergiebt 3) ἵνα μὲν αἰδώς, ἔνθα καὶ δέος, οὐ μέντοι ἵνα γε δέος, πανταχοῦ αἰδώς. Die ganze spitzfindige Untersuchung hat nur formalen Wert.

7 πεφόβηταί τε καὶ δέδοικεν. Protag. 358d καλεῖτά τι δέος καὶ φόβον; In der Antwort ist nur das eine Verbum gesetzt. Rp. VII 527c ἴσμεν που ὅτι τῷ ὅλῳ καὶ παντὶ διοίσει ἡμμένος τε γεωμετρίας καὶ μή. Τῷ παντὶ μέντοι νὴ Δί' ἔφη.

10 οὐ μέντοι ἵνα γε. Die Partikelverbindungen οὐ μέντοι — γε und οὐ καίτοι — γε werden bei Plato durch ein dazwischen stehendes Wort getrennt; die wenigen dagegen sprechenden Stellen Rp. I 329e 332a IV 440d sind zu korrigieren, und zwar entweder durch Versetzung des γε (so hat der Tubingensis an unserer Stelle οὐ μέντοι γε ἵνα und Stobäus οὐ μέντοι γε ἵνα γε) oder durch Streichung (vgl. Phaedo 61c, wo γε nach μέντοι von zweiter Hand in B hinzugefügt ist). Hoefer de partic. Plat. 39.

16 ἐκεῖ, die temporale Anschauung durch eine lokale ersetzt. Rp. V 466b ὅ γε καὶ ἐκεῖ ἔλεγον, δίκαιον καὶ ἐνταῦθα εἰπεῖν.

21 τὸ μετὰ τοῦτο. Theaet. 148a ἀλλὰ τί τὸ μετὰ τοῦτο;

22 τὸ ποῖον, der Artikel steht, weil die Ausdrucksform zu Grunde gelegt wird, die ausserhalb der Frage stehen würde. Vgl. oben zu 7b.

μέρος ἂν εἴη τοῦ δικαίου τὸ ὅσιον. εἰ μὲν οὖν σύ με
ἠρώτας τι τῶν νῦν δή, οἷον ποῖον μέρος ἐστὶν ἀριθμοῦ
τὸ ἄρτιον καὶ τίς ὢν τυγχάνει οὗτος ὁ ἀριθμός, εἶπον ἂν
ὅτι ὃς ἂν μὴ σκαληνὸς ᾖ ἀλλ' ἰσοσκελής· ἢ οὐ δοκεῖ σοι;

5 ΕΥΘ. Ἔμοιγε.

ΣΩ. Πειρῶ δὴ καὶ σὺ ἐμὲ οὕτω διδάξαι, τὸ ποῖον Ε
μέρος τοῦ δικαίου ὅσιόν ἐστιν, ἵνα καὶ Μελήτῳ λέγωμεν
μηκέθ' ἡμᾶς ἀδικεῖν μηδὲ ἀσεβείας γράφεσθαι, ὡς ἱκανῶς ἤδη παρὰ σοῦ μεμαθηκότας τά τε εὐσεβῆ καὶ ὅσια
10 καὶ τὰ μή.

ΕΥΘ. Τοῦτο τοίνυν ἔμοιγε δοκεῖ, ὦ Σώκρατες,
τὸ μέρος τοῦ δικαίου εἶναι εὐσεβές τε καὶ ὅσιον,
τὸ περὶ τὴν τῶν θεῶν θεραπείαν· τὸ δὲ περὶ
τὴν τῶν ἀνθρώπων τὸ λοιπὸν εἶναι τοῦ δικαίου
15 μέρος.

ΣΩ. Καὶ καλῶς γέ μοι, ὦ Εὐθύφρον, φαίνει λέγειν·
ἀλλὰ σμικροῦ τινος ἔτι ἐνδεής εἰμι. τὴν γὰρ θεραπείαν 13

---

2 ἠρώτας — εἶπον ἄν. Der Nachsatz mit Aor. und ἄν von der Gegenwart ist wohl dadurch zu erklären, dass εἶπον wegen der mangelnden Präsensform nicht scharf als Aorist gefühlt wird, vgl. Meno 72c εἰ οὖν εἶπον μετὰ ταῦτα — εἶχες δήπου ἄν τί μοι εἰπεῖν; Symp. 199d ἀλλ' ὥσπερ ἂν εἰ αὐτὸ τοῦτο πατέρα ἠρώτων, εἶπες ἂν δή πού μοι; Daran schliessen sich bei Plato noch einige andere, aber immerhin eng begrenzte Fälle, z. B. Protag. 313a Madvig § 117.

4 σκαληνός — ἰσοσκελής. Arithmetische Verhältnisse werden bei den Griechen durch geometrische Formen dargestellt. Setzt man eine beliebige Linie als Einheit genommen, an eine andere Linie, als Basis genommen in rechtem Winkel an, so erhalten wir die Zahl 1; um zur Zahl 2 zu gelangen, setzt man die als Einheit genommene Grösse an das andere Ende der Basis in rechtem Winkel an u. s. f. Man erhält dadurch bei geraden Zahlen als Symbol stets eine Figur mit zwei gleichen Schenkeln, bei ungeraden entweder eine Figur mit nur einem Schenkel oder mit einem längeren auf der einen Seite.

7 λέγωμεν. Vgl zu 6b.

11 *Dritte Definition.* Das Fromme ist die Seite des rechtlichen Thuns, welche sich mit der Sorge für die Götter befasst; das übrige rechtliche Thun hat es mit der Sorge um die Menschen zu thun. Aus dieser Aufstellung ersieht man, dass es für Plato nicht mehr nötig ist, die ὁσιότης als eine eigene, den übrigen koordinierte Tugend zu fassen; die δικαιοσύνη schliesst auch die ὁσιότης in sich. Der Fortgang der Unterredung knüpft sich daran, dass wie oben in der zweiten Definition die im Artikel gefundene Unbestimmtheit, so auch hier die in θεραπεία liegende Vieldeutigkeit beseitigt werden soll.

17 σμικροῦ τινος ἔτι ἐνδεής εἰμι. Ähnlich sagt Sokrates Protag. 329b νῦν οὖν, ὦ Πρωταγόρα, σμικροῦ τινος ἐνδεής εἰμι πάντ'

οὔπω ξυνίημι ἥντινα ὀνομάζεις. οὐ γάρ που λέγεις γε, οἷαίπερ καὶ αἱ περὶ τὰ ἄλλα θεραπεῖαί εἰσιν, τοιαύτην καὶ περὶ θεούς. λέγομεν γάρ που — οἷον φαμέν, ἵππους οὐ πᾶς ἐπίσταται θεραπεύειν, ἀλλ' ὁ ἱππικός· ἦ γάρ;

ΕΥΘ. Πάνυ γε.

ΣΩ. Ἡ γάρ που ἱππικὴ ἵππων θεραπεία.

ΕΥΘ. Ναί.

ΣΩ. Οὐδέ γε κύνας πᾶς ἐπίσταται θεραπεύειν, ἀλλ' ὁ κυνηγετικός.

ΕΥΘ. Οὕτως.

ΣΩ. Ἡ γάρ που κυνηγετικὴ κυνῶν θεραπεία.

B ΕΥΘ. Ναί.

ΣΩ. Ἡ δὲ βοηλατικὴ βοῶν.

ΕΥΘ. Πάνυ γε.

ΣΩ. Ἡ δὲ δὴ ὁσιότης τε καὶ εὐσέβεια θεῶν, ὦ Εὐθύφρον; οὕτω λέγεις;

ΕΥΘ. Ἔγωγε.

ΣΩ. Οὐκοῦν θεραπεία γε πᾶσα ταὐτὸν διαπράττεται; οἷον τοιόνδε· ἐπ' ἀγαθῷ τινί ἐστι καὶ ὠφελίᾳ τοῦ θεραπευομένου, ὥσπερ ὁρᾷς δὴ ὅτι οἱ ἵπποι ὑπὸ τῆς ἱππικῆς θεραπευόμενοι ὠφελοῦνται καὶ βελτίους γίγνονται· ἢ οὐ δοκοῦσί σοι;

ΕΥΘ. Ἔμοιγε.

ΣΩ. Καὶ οἱ κύνες γέ που ὑπὸ τῆς κυνηγετικῆς καὶ οἱ
C βόες ὑπὸ τῆς βοηλατικῆς, καὶ τἆλλα πάντα ὡς αὕτως· ἢ ἐπὶ βλάβῃ οἴει τοῦ θεραπευομένου τὴν θεραπείαν εἶναι;

ἔχειν, εἴ μοι ἀποκρίναιο τόδε 328e πλὴν σμικρόν τι μοι ἐμποδών.

3 λέγομεν γάρ που — οἷον. Plato wollte eine Eigenschaft der θεραπεία (etwa die Kunst, etwas besser zu machen) angeben, welche nicht auf die Götter passt; statt dessen schlägt er den Weg der Einzelbetrachtung ein.

7 ἱππική, κυνηγετική, βοηλατική. Bekanntlich wählt Sokrates zur Erläuterung seiner Sätze Beispiele aus der niedern Sphäre des Lebens; Kallikles wirft ihm daher Gorgias 491a vor ἀτεχνῶς γε ἀεὶ σκυτέας τε καὶ κναφέας καὶ μαγείρους λέγων καὶ ἰατροὺς οὐδέν παύει Symp. 221e ὄνους γὰρ κανθηλίους λέγει καὶ χαλκέας τινὰς καὶ σκυτοτόμους καὶ βυρσοδέψας.

21 ὁρᾷς δή. Rp. IV 421a φύλακες νόμων τε καὶ πόλεως, μὴ ὄντες ἀλλὰ δοκοῦντες ὁρᾷς δὴ ὅτι πᾶσαν ἄρδην πόλιν ἀπολλύασι.

26 ὡς αὕτως. Dabei Plato auch ὡς δ' αὕτως vorkommt, also noch nicht eine völlige Worteinheit besteht, so ist ὡς αὕτως die richtige Schreibung.

ΕΥΘ. Μὰ Δί᾿ οὐκ ἔγωγε.
ΣΩ. Ἀλλ᾿ ἐπ᾿ ὠφελίᾳ;
ΕΥΘ. Πῶς δ᾿ οὔ;
ΣΩ. Ἦ οὖν καὶ ἡ ὁσιότης θεραπεία οὖσα θεῶν ὠφελία τέ ἐστι θεῶν καὶ βελτίους τοὺς θεοὺς ποιεῖ; καὶ σὺ τοῦτο ξυγχωρήσαις ἄν, ὡς ἐπειδάν τι ὅσιον ποιῇς, βελτίω τινὰ τῶν θεῶν ἀπεργάζει;
ΕΥΘ. Μὰ Δί᾿ οὐκ ἔγωγε.
ΣΩ. Οὐδὲ γὰρ ἐγώ, ὦ Εὐθύφρον, οἶμαί σε τοῦτο λέγειν· πολλοῦ καὶ δέω· ἀλλὰ τούτου δὴ ἕνεκα καὶ ἀνηρόμην, τίνα ποτὲ λέγοις τὴν θεραπείαν τῶν θεῶν, οὐχ D ἡγούμενός σε τοιαύτην λέγειν.
ΕΥΘ. Καὶ ὀρθῶς γε, ὦ Σώκρατες· οὐ γὰρ τοιαύτην λέγω.
ΣΩ. Εἶεν· ἀλλὰ τίς δὴ θεῶν θεραπεία εἴη ἂν ἡ ὁσιότης;
ΕΥΘ. Ἥπερ, ὦ Σώκρατες, οἱ δοῦλοι τοὺς δεσπότας θεραπεύουσιν.
ΣΩ. Μανθάνω· ὑπηρετική τις ἄν, ὡς ἔοικεν, εἴη θεοῖς.
ΕΥΘ. Πάνυ μὲν οὖν.
ΣΩ. Ἔχοις ἂν οὖν εἰπεῖν, ἡ ἰατροῖς ὑπηρετικὴ εἰς τίνος ἔργου ἀπεργασίαν τυγχάνει οὖσα ὑπηρετική; οὐκ εἰς ὑγιείας οἴει;
ΕΥΘ. Ἔγωγε.
ΣΩ. Τί δέ; ἡ ναυπηγοῖς ὑπηρετικὴ εἰς τίνος ἔργου E ἀπεργασίαν ὑπηρετική ἐστιν;

11 οὐχ ἡγούμενός σε τοιαύτην λέγειν. Damit kehrt die Periode wieder zu ihrem Ausgangspunkt zurück. Ähnlich Arist. Thesm. 789 εἰ κακόν ἐσμεν, τί γαμεῖθ᾿ ἡμᾶς, εἴπερ ἀληθῶς κακόν ἐσμεν; Vgl. zu 3 b.
18 ὑπηρετικὴ θεοῖς. Über den Dativ vgl. zu 14d. Die θεραπεία bezeichnet auch den Dienst. Während bei θεραπεία in der Bedeutung „Sorge" der θεραπεύων über dem Gegenstand der Sorge steht, ist bei der zweiten θεραπεία der Gegenstand der θεραπεία höher als der θεραπεύων, vgl. die Redensart τὰς θύρας θεραπεύειν, bei Hof aufwarten. Das letzte Verhältnis wird genauer durch ὑπηρετική ausgedrückt; denn ὑπηρέτης ist der einem andern als Gehilfe Untergeordnete (Schmidt Synonym. IV 145).
20 Durch drei Beispiele wird gezeigt, dass die Dienstleistung zu einem Zwecke erfolgen muss; es fragt sich daher, welchen Zweck die Götter verfolgen, indem sie unsere Dienstleistung in Anspruch nehmen. Die Beantwortung dieser Frage wird allgemein angedeutet durch ἐκεῖνο τὸ πάγκαλον ἔργον und πολλὰ καὶ καλά, bestimmter durch den später kommenden Satz: οὐδὲν γὰρ ἡμῖν ἐστιν ἀγαθὸν ὅτι ἂν μὴ ἐκεῖνοι δῶσιν.

ΕΥΘ. *Δῆλον ὅτι, ὦ Σώκρατες, εἰς πλοῖον.*

ΣΩ. *Καὶ ἡ οἰκοδόμοις γέ που εἰς οἰκίας;*

ΕΥΘ. *Ναί.*

ΣΩ. *Εἰπὲ δή, ὦ ἄριστε· ἡ δὲ θεοῖς ὑπηρετικὴ εἰς τίνος ἔργου ἀπεργασίαν ὑπηρετικὴ ἂν εἴη; δῆλον γὰρ ὅτι σὺ οἶσθα, ἐπειδήπερ τά γε θεῖα κάλλιστά γε φῂς εἰδέναι ἀνθρώπων.*

ΕΥΘ. *Καὶ ἀληθῆ γε λέγω, ὦ Σώκρατες.*

ΣΩ. *Εἰπὲ δὴ πρὸς Διός, τί ποτ' ἐστὶν ἐκεῖνο τὸ πάγκαλον ἔργον, ὃ οἱ θεοὶ ἀπεργάζονται ἡμῖν ὑπηρέταις χρώμενοι;*

ΕΥΘ. *Πολλὰ καὶ καλά, ὦ Σώκρατες.*

ΣΩ. *Καὶ γὰρ οἱ στρατηγοί, ὦ φίλε· ἀλλ' ὅμως τὸ κεφάλαιον τῆς ἀπεργασίας αὐτῶν ῥᾳδίως ἂν εἴποις, ὅτι νίκην ἐν τῷ πολέμῳ ἀπεργάζονται· ἢ οὔ;*

ΕΥΘ. *Πῶς δ' οὔ;*

ΣΩ. *Πολλὰ δέ γ' οἶμαι καὶ καλὰ καὶ οἱ γεωργοί· ἀλλ' ὅμως τὸ κεφάλαιον αὐτῶν ἐστιν τῆς ἀπεργασίας ἡ ἐκ τῆς γῆς τροφή.*

ΕΥΘ. *Πάνυ γε.*

ΣΩ. *Τί δὲ δή; τῶν πολλῶν καὶ καλῶν ἃ οἱ θεοὶ ἀπεργάζονται, τί τὸ κεφάλαιόν ἐστι τῆς ἐργασίας;*

ΕΥΘ. *Καὶ ὀλίγον σοι πρότερον εἶπον, ὦ Σώκρατες, ὅτι πλείονος ἔργου ἐστὶν ἀκριβῶς πάντα ταῦτα ὡς ἔχει μαθεῖν· τόδε μέντοι σοι ἁπλῶς λέγω, ὅτι ἐὰν μὲν κεχαρισμένα τις ἐπίστηται τοῖς θεοῖς λέγειν τε καὶ πράττειν*

---

6 τά γε — κάλλιστά γε. Das doppelte γε in demselben Satze hat nichts Anstössiges. Heindorf zu Euthyd. § 15 Rp. III 389 d ἐάν γε — ἐπί γε λόγῳ ἔργα τελῆται.

13 τὸ κεφάλαιον αὐτῶν ist auffällig (vgl. das Folgende), ich vermute den Ausfall von τῆς ἀπεργασίας.

22 ἐργασίας, obwohl vorausgeht ἀπεργάζεσθαι, ἀπεργασία. Allein der Wechsel zwischen Simplex und Kompositum ist nicht selten: Euthyd. 281 c οὐκ ἐλάττω πράττων ἐλάττω ἂν ἐξαμαρτάνοι, ἐλάττω δὲ ἁμαρτάνων ἧττον ἂν κακῶς πράττοι Gorg.

504 e ὅπως ἂν αὐτοῦ τοῖς πολίταις δικαιοσύνη μὲν ἐν ταῖς ψυχαῖς γίγνηται, ἀδικία δὲ ἀπαλλάττηται, καὶ σωφροσύνη μὲν ἐγγίγνηται, ἀκολασία δὲ ἀπαλλάττηται κτλ. Hermann vergleicht noch Phaedo 104 d ἀπεργάζηται — εἰργάζετο Theaet. 178 a διαμαρτάνειν — ἁμαρτάνειν. Wie aber hier der Vindob. (und mit ihm die jüngere Hand von T) gegen die authentische Überlieferung auch an der zweiten Stelle διαμαρτάνειν setzt, so wird auch die Lesart von T ἀπεργασίας auf Interpolation beruhen.

25 ἁπλῶς, ohne weitere Umschweife.

εὐχόμενός τε καὶ θύων, ταῦτ' ἔστι τὰ ὅσια, καὶ σῴζει τὰ τοιαῦτα τούς τε ἰδίους οἴκους καὶ τὰ κοινὰ τῶν πόλεων· τὰ δ' ἐναντία τῶν κεχαρισμένων ἀσεβῆ, ἃ δὴ καὶ ἀνατρέπει ἅπαντα καὶ ἀπόλλυσιν.

ΣΩ. Ἦ πολύ μοι διὰ βραχυτέρων, ὦ Εὐθύφρον, εἰ ἐβούλου, εἶπες ἂν τὸ κεφάλαιον ὧν ἠρώτων. ἀλλὰ γὰρ οὐ πρόθυμός με εἶ διδάξαι, δῆλος εἶ. καὶ γὰρ νῦν ἐπειδὴ ἐπ' αὐτῷ ἦσθα, ἀπετράπου· ὃ εἰ ἀπεκρίνω, ἱκανῶς ἂν ἤδη παρὰ σοῦ τὴν ὁσιότητα ἐμεμαθήκη. νῦν δὲ ἀνάγκη γὰρ τὸν ἐρωτῶντα τῷ ἐρωτωμένῳ ἀκολουθεῖν, ὅπη ἂν ἐκεῖνος ὑπάγῃ· τί δὴ αὖ λέγεις τὸ ὅσιον εἶναι καὶ τὴν ὁσιότητα; οὐχὶ ἐπιστήμην τινὰ τοῦ θύειν τε καὶ εὔχεσθαι;

ΕΥΘ. Ἔγωγε.

ΣΩ. Οὐκοῦν τὸ θύειν δωρεῖσθαί ἐστι τοῖς θεοῖς, τὸ δ' εὔχεσθαι αἰτεῖν τοὺς θεούς;

ΕΥΘ. Καὶ μάλα, ὦ Σώκρατες.

ΣΩ. Ἐπιστήμη ἄρα αἰτήσεως καὶ δόσεως θεοῖς ὁσιότης ἂν εἴη ἐκ τούτου τοῦ λόγου.

---

1 καὶ σῴζει — ἀπόλλυσιν, eine unnötige Ausschmückung, die mit der hier gesuchten begrifflichen Bestimmung nichts zu thun hat.

5 πολύ. Dieses Hyperbaton vor der Präposition häufig. Schneider zu Isokr. 9, 60. Vgl zu 5c.

7 δῆλος εἶ. Arist. Lys. 919 ἦ τοι γυνὴ φιλεῖ με, δήλη ἐστὶν καλῶς. Ähnlich asyndetisch δίκαιος εἶ Protag. 340 a.

8 αὐτῷ, bei der Sache, hart an dem, wonach ich fragte, Phileb. 18 d ἦ μὴν ἐπ' αὐτῷ γε ἤδη γεγονότες ζητεῖτε πάλαι; Politic. 274 b οὗ δὲ ἕνεκα ὁ λόγος ὥρμηκε πᾶς, ἐπ' αὐτῷ νῦν ἐσμὲν ἤδη.

ἱκανῶς. So B, während T ἴσως hat. Allein nur ἱκανῶς ist hier am Platz, es enthält den Schlüssel zum ganzen Dialog, indem es andeutet, dass die völlige Durchführung der dritten Definition die verlangte Bestimmung des ὅσιον ergeben hätte.

9 νῦν δὲ — γάρ. Vgl. zu 11c.

10 ὅπῃ. Rp. II 365 d ἀλλ' ὅμως, εἰ μέλλομεν εὐδαιμονήσειν, ταύτῃ ἰτέον, ὡς τὰ ἴχνη τῶν λόγων φέρει III 415 d καὶ τοῦτο μὲν δὴ ἔξει ὅπῃ ἂν αὐτό ἡ φήμη ἀγάγῃ.

12 Vierte Definition. Die Frömmigkeit ist die Wissenschaft des Opferns und Betens. Es wird also die Frömmigkeit nach der Seite des Kultus ins Auge gefasst, dessen Hauptbestandteile Opfer und Gebet sind. Politic. 290c τὸ τῶν ἱερέων αὖ γένος, ὡς τὸ νόμιμόν φησι, παρὰ μὲν ἡμῶν δωρεὰς θεοῖς διὰ θυσιῶν ἐπιστῆμόν ἐστι κατὰ νοῦν ἐκείνοις δωρεῖσθαι, παρὰ δὲ ἐκείνων ἡμῖν εὐχαῖς κτῆσιν ἀγαθῶν αἰτήσασθαι. Beide Begriffe sind oft verbunden Leg. X 885 b 888 c Rp. V 461 a.

18 αἰτήσεως. Dazu ist die entsprechende Form aus θεοῖς zu entnehmen. Leg. VI 754 b στέργει τε καὶ στέργεται ὑπὸ τῶν γεννησάντων Herodot. 5, 92 β zur Bezeichnung des conubium: ἐδίδοσαν δὲ καὶ ἤγοντο ἐξ ἀλλήλων.

θεοῖς. Die verbale Natur

ΕΥΘ. *Πάνυ καλῶς, ὦ Σώκρατες, ξυνῆκας ὃ εἶπον.*

ΣΩ. *Ἐπιθυμητὴς γάρ εἰμι, ὦ φίλε, τῆς σῆς σοφίας καὶ προσέχω τὸν νοῦν αὐτῇ, ὥστε οὐ χαμαὶ πεσεῖται ὅ τι ἂν εἴπῃς. ἀλλά μοι λέξον, τίς αὕτη ἡ ὑπηρεσία ἐστὶ τοῖς θεοῖς; αἰτεῖν τε φῂς αὐτοὺς καὶ διδόναι ἐκείνοις;*

ΕΥΘ. *Ἔγωγε.*

ΣΩ. *Ἆρ᾽ οὖν οὐ τὸ ὀρθῶς αἰτεῖν ἂν εἴη, ὧν δεόμεθα παρ᾽ ἐκείνων, ταῦτα αὐτοὺς αἰτεῖν;*

ΕΥΘ. *Ἀλλὰ τί;*

ΣΩ. *Καὶ αὖ τὸ διδόναι ὀρθῶς, ὧν ἐκεῖνοι τυγχάνουσιν δεόμενοι παρ᾽ ἡμῶν, ταῦτα ἐκείνοις αὖ ἀντιδωρεῖσθαι; οὐ γάρ που τεχνικόν γ᾽ ἂν εἴη δωροφορεῖν διδόντα τῳ ταῦτα ὧν οὐδὲν δεῖται.*

ΕΥΘ. *Ἀληθῆ λέγεις, ὦ Σώκρατες.*

ΣΩ. *Ἐμπορικὴ ἄρα τις ἂν εἴη, ὦ Εὐθύφρον, τέχνη ἡ ὁσιότης θεοῖς καὶ ἀνθρώποις παρ᾽ ἀλλήλων.*

ΕΥΘ. *Ἐμπορική, εἰ οὕτως ἥδιόν σοι ὀνομάζειν.*

ΣΩ. *Ἀλλ᾽ οὐδὲν ἥδιον ἔμοιγε, εἰ μὴ τυγχάνει ἀληθὲς*

---

von δόσις äussert sich, indem der Kasus, den das Verbum erfordert, auch beim Substantiv beibehalten wird, vgl. ὑπηρεσία τοῖς θεοῖς — Apol. 30d περὶ τὴν τοῦ θεοῦ δόσιν ὑμῖν.

3 οὐ χαμαὶ πεσεῖται. Die Scholien zu der Stelle überliefern uns das Sprichwort in der Form: οὐ μὴ χαμαὶ πέσῃ mit der Erklärung: ἐπὶ τῶν διακενῆς οὐδὲν λεγόντων, ἀλλ᾽ ἐπιτυγχανόντων. Arist. Vesp. 1012 νῦν μὲν τὰ μέλλοντ᾽ εὖ λέγεσθαι μὴ πέσῃ φαύλως χαμᾶζ᾽ εὐλαβεῖσθε (Fritzsche). Der Gegensatz ist: das Gesagte wird von mir aufgehoben, aufbewahrt werden. Ähnlich Thuk. I, 129, 3 κεῖταί σοι εὐεργεσία ἐν τῷ ἡμετέρῳ οἴκῳ ἀεὶ ἀνάγραπτος Rp. I 345a οὗτοι κακῶς σοι κείσεται ὅ τι ἂν ἡμᾶς τοῦ οὐδὲ ὄντας εὐεργετήσῃς.

5 φῂς, nämlich τὴν ὑπηρεσίαν τοῖς θεοῖς.

αὐτοὺς — ἐκείνοις beziehen sich auf dieselben Personen. Vgl. oben 6e. Stallb. zu Phaedo 106b Thukyd. I, 132, 5 παιδικά ποτε ὢν αὐτοῦ καὶ πιστότατος ἐκείνῳ mit Beispielen bei Classen. Schneider zu (Isokr.) 1, 25 Hertlein zu Xen. Cyr. 4, 5, 20.

9 ἀλλὰ τί; aber was soll es denn sein? Mit dieser verwundernden Frage, die eine andere Begriffsbestimmung als undenkbar hinstellt, wird eine bejahende Antwort gegeben. In spätern Dialogen erscheint so in bejahendem Sinne τί μήν. Dittenberger Hermes XVI 325.

10 καὶ αὖ — αὖ. Die Responsion ist sowohl beim Subjekt als beim Prädikat hervorgehoben, vgl. μὲν — μὲν — δὲ — δέ.

12 τεχνικόν. Es soll ja die ὁσιότης eine ἐπιστήμη sein.

16 παρ᾽ ἀλλήλων. Nur eine Seite des Handels ist hervorgehoben, der Empfang, nicht der Absatz.

17 ἥδιον, als anders. Öfters stellen die Unterredner in den plat. Dialogen ihre Antwort als eine Gefälligkeit für den Fragenden dar. Beispiele bietet z. B. der Dialog Gorgias dar, z. B. 514a πάνυ γε, εἴ σοι ἥδιον.

ὄν. φράσον δέ μοι, τίς ἡ ὠφελία τοῖς θεοῖς τυγχάνει οὖσα ἀπὸ τῶν δώρων ὧν παρ' ἡμῶν λαμβάνουσιν; ἃ μὲν γὰρ διδόασιν, παντὶ δῆλον· οὐδὲν γὰρ ἡμῖν ἐστιν ἀγαθὸν ὅ τι ἂν μὴ ἐκεῖνοι δῶσιν· ἃ δὲ παρ' ἡμῶν λαμβάνουσιν, 15
5 τί ὠφελοῦνται; ἢ τοσοῦτον αὐτῶν πλεονεκτοῦμεν κατὰ τὴν ἐμπορίαν, ὥστε πάντα τἀγαθὰ παρ' αὐτῶν λαμβάνομεν, ἐκεῖνοι δὲ παρ' ἡμῶν οὐδέν;
ΕΥΘ. Ἀλλ' οἴει, ὦ Σώκρατες, τοὺς θεοὺς ὠφελεῖσθαι ἀπὸ τούτων ἃ παρ' ἡμῶν λαμβάνουσιν;
10 ΣΩ. Ἀλλὰ τί δήποτ' ἂν εἴη ταῦτα, ὦ Εὐθύφρον, τὰ παρ' ἡμῶν δῶρα τοῖς θεοῖς;
ΕΥΘ. Τί δ' οἴει ἄλλο ἢ τιμή τε καὶ γέρα καὶ ὅπερ ἐγὼ ἄρτι ἔλεγον, χάρις;
ΣΩ. Κεχαρισμένον ἄρα ἐστίν, ὦ Εὐθύφρον, τὸ ὅσιον, B
15 ἀλλ' οὐχὶ ὠφέλιμον οὐδὲ φίλον τοῖς θεοῖς;

Wie hier, weist Sokrates auch Protag. 335c in besonders nachdrücklicher Weise solche Zugeständnisse zurück.

1 τίς ἡ ὠφελία, welches ist der Nutzen, der den Göttern erwächst? Kr. 50, 11, 1.

2 ἅ, im Sinne von οἷα. Euthyd. 283cd, wo ein Sophisma sich darauf gründet. Vgl. meine Beiträge 89.

3 οὐδέν. Ein christlicher Scholiast weist auf den Brief des Jakobus 1, 17 hin: πᾶσα δόσις ἀγαθὴ καὶ πᾶν δώρημα τέλειον ἄνωθέν ἐστιν ἀπὸ τοῦ πατρὸς τῶν φώτων. Cobet mnemos.² II 88.

6 λαμβάνομεν — ἐκεῖνοι δέ. Das eine Glied des Gegensatzes ist unbezeichnet geblieben, wie oft statt οἱ μὲν — οἱ δέ bloss οἱ δέ, statt τοτὲ μὲν — τοτὲ δέ bloss τοτὲ δέ u. s. f. steht. Theaet. 181d δύο δὴ λέγω τούτω εἴδη κτήσεως, ἀλλοίωσιν, τὴν δὲ περιφοράν. Vgl. mein spec. crit. 43.

9 ἀπό. Kr. 61, 8, 2.

10 τί „welcher Art." Damit fragt Sokrates ganz allgemein nach dem Charakter der Geschenke, auf Einzelaufzählung verzichtend. Kr.61, 8, 2. Weidner Aeschin. g. Ktesiph. § 166.

12 τιμή τε καὶ γέρα. Euthyphro charakterisiert die Geschenke als Ehrengeschenke. τιμή τε καὶ γέρα bilden einen Begriff wie τιμᾶν καὶ δωρεῖσθαι, mit Ehrengaben beschenken (Hertlein Xen. Cyr. 3, 2, 28). Obwohl γέρας eigentlich die Ehrengabe ist (Schmidt Synonym. III 199), so ist der Zusatz τιμή doch nicht unnötig, da hier alles darauf ankommt, die materielle Seite des Geschenkes zu eliminieren. Diesem Zweck dient auch χάρις (τιμή und χάρις verbunden Xen. Hieron. 8, 5), wodurch sich ein Anknüpfungspunkt an κεχαρισμένα (14b) ergiebt. In der That werden sehr häufig die Opfer mit den Namen τιμαί, χάριτες, γέρα bezeichnet. Naegelsbach Nachhom. Theol. 195.

15 οὐδὲ φίλον. Durch diesen Beisatz wird Euthyphro gezwungen, sich über das Verhältnis von κεχαρισμένον und φίλον auszusprechen; es kann dies nur im Sinne der Identität geschehen. Damit ist aber die Unterredung auf eine frühere Definition zurückgekommen.

Platos Dialoge I.

ΕΥΘ. Οἶμαι ἔγωγε πάντων γε μάλιστα φίλον.

ΣΩ. Τοῦτο ἄρ᾽ ἐστὶν αὖ, ὡς ἔοικε, τὸ ὅσιον, τὸ τοῖς θεοῖς φίλον.

ΕΥΘ. Μάλιστά γε.

ΣΩ. Θαυμάσει οὖν ταῦτα λέγων, ἐάν σοι οἱ λόγοι φαίνωνται μὴ μένοντες ἀλλὰ βαδίζοντες, καὶ ἐμὲ αἰτιάσει τὸν Δαίδαλον βαδίζοντας αὐτοὺς ποιεῖν, αὐτὸς ὢν πολύ γε τεχνικώτερος τοῦ Δαιδάλου καὶ κύκλῳ περιόντας ποιῶν; ἢ οὐκ αἰσθάνει ὅτι ὁ λόγος ἡμῖν περιελθὼν πάλιν εἰς ταὐτὸν ἥκει; μέμνησαι γάρ που ὅτι ἐν τῷ πρόσθεν τό τε ὅσιον καὶ τὸ θεοφιλὲς οὐ ταὐτὸν ἡμῖν ἐφάνη, ἀλλ᾽ ἕτερα ἀλλήλων· ἢ οὐ μέμνησαι;

ΕΥΘ. Ἔγωγε.

1 μάλιστα φίλον. Xen. Cyr. 8, 1, 17 τῶν παρ᾽ ἑαυτῷ μάλιστα φίλων. Die Umschreibung des Superlativs ist wohl gewählt mit Rücksicht auf das folgende τὸ τοῖς θεοῖς φίλον.

7 τὸν Δαίδαλον, der ich der bekannte Dädalus bin, die Begründung der folgenden Worte ist darin enthalten. Vielleicht sind aber die Worte zu streichen als ein Zusatz, den ein Interpolator wegen des gleich daraufolgenden τοῦ Δαιδάλου für notwendig erachtete.

8 καὶ — ποιῶν. Da mit dem Participium ποιῶν die Begründung zu τεχνικώτερος ὢν gegeben wird, also ein Subordinationsverhältnis stattfindet, so wird man καὶ als „sogar" fassen müssen, wie dies in der Übersetzung Dreschers hervortritt: „da du es doch selber noch viel weiter in der Kunst gebracht hast als Dädalus, indem du sie sogar im Kreise herumgehen machst." Allein da die Einschiebung von καὶ bei dem subordinierten Participium öfters eingetreten, wie Phaedo 61b πρὶν ἀφοσιώσασθαι ποιήσαντα ποιήματα καὶ πειθόμενον, wo aber καὶ in T von m. I punktiert ist, Phaedo 98b Symp. 190e Cratyl. 440e, da ferner jene Steigerung entbehrlich ist, so wäre auch die Annahme einer Interpolation von καὶ denkbar.

περιόντας. B giebt die Form mit einem ι, welche Naber verteidigt. Bei den Komikern ist sie gesichert; aber auch bei den Prosaikern bezeugen die Handschriften öfters diese gekürzte Form. Vgl. mnemos. V 427 X 358 XIV 80. Ausser unserer Stelle führen die massgebenden Platohandschriften auch noch an folgenden auf die Form mit einem ι: Cratyl. 409b (41, 19) περιών B, dagegen περιιών T Protag. 348d (97, 4) περὶ ὧν B, περιών T, περιιών t. Rp. VIII 568c hat A zwar περιιόντες, allein das eine ι von m. I über der Zeile.

10 πρόσθεν. Nach meiner Beobachtung besteht in den Handschriften Neigung, πρόσθεν durch ἔμπροσθεν zu ersetzen. Cratyl. 410d (43, 18) haben BT πρόσθεν, die apographa von T dagegen ἔμπροσθεν. Ebenso Phaedo 87a BT πρόσθεν, b mit apogr. ἔμπροσθεν 94c πρόσθεν BT, b mit apogr. ἔμπροσθεν Gorg. 492a (64, 22) πρόσθεν B, ἔμπροσθεν T. Da an unserer Stelle B ἔμπροσθεν, T πρόσθεν hat, so dürfte die letzte Form vorzuziehen sein.

ΣΩ. Νῦν οὖν οὐκ ἐννοεῖς, ὅτι τὸ τοῖς θεοῖς φίλον φῂς ὅσιον εἶναι; τοῦτο δ' ἄλλο τι ἢ θεοφιλὲς γίγνεται· ἢ οὔ;

ΕΥΘ. Πάνυ γε.

5 ΣΩ. Οὐκοῦν ἢ ἄρτι οὐ καλῶς ὡμολογοῦμεν, ἢ εἰ τότε καλῶς, νῦν οὐκ ὀρθῶς τιθέμεθα.

ΕΥΘ. Ἔοικεν.

ΣΩ. Ἐξ ἀρχῆς ἄρα ἡμῖν πάλιν σκεπτέον, τί ἐστι τὸ ὅσιον· ὡς ἐγώ, πρὶν ἂν μάθω, ἑκὼν εἶναι οὐκ ἀποδει-
10 λιάσω. ἀλλὰ μή με ἀτιμάσῃς, ἀλλὰ παντὶ τρόπῳ προ- D
σέχων τὸν νοῦν ὅ τι μάλιστα νῦν εἰπὲ τὴν ἀλήθειαν. οἶσθα γάρ, εἴπερ τις ἄλλος ἀνθρώπων, καὶ οὐκ ἀφετέος εἶ, ὥσπερ ὁ Πρωτεύς, πρὶν ἂν εἴπῃς. εἰ γὰρ μὴ ᾔδησθα σαφῶς τό τε ὅσιον καὶ τὸ ἀνόσιον, οὐκ ἔστιν ὅπως ἂν

2 ἄλλο τι. Das nachfolgende ἢ οὐ zeigt uns, dass die vorausgehende Frage eine positive Antwort erfordert; es ist also ἄλλο τι formelhaft geworden und zu übersetzen mit „nicht wahr?"

γίγνεται, ergiebt sich, stellt sich heraus. Euthyd. 298e οὐκοῦν πατὴρ ὢν σός ἐστιν, ὥστε σὸς πατὴρ γίγνεται ὁ κύων καὶ οὐ κυναρίων ἀδελφός;

8 Schluss des Dialogs.

9 ἑκὼν εἶναι. Bei Plato erscheint dieser restringierende Infinitiv noch Apol. 37a Phaedo 61c Prot. 335b Lys. 210b Symp. 176d 215a Phaedr. 252a Rp. I 336e VI 485c VII 519c Gorg. 499c Leg. V 737b VI 775d Politic. 308d. An allen Stellen steht ἑκὼν εἶναι oder die entsprechende Form davon in negativen Sätzen.

10 παντὶ τρόπῳ, προσέχων τὸν νοῦν ὅτι μάλιστα, νῦν εἰπέ. Ähnliche Häufung beim Imperativ: Soph. 239c ἴθι ἡμῖν εὖ καὶ γενναίως, ὅ τι μάλιστα δύνασαι συντείνας, πειράθητι Politic. 306c σκοπῶμεν δὴ προσσχόντες τὸν νοῦν εὖ μάλα Euthyd. 274d πάνυ μὲν οὖν παντὶ τρόπῳ καὶ τούτοις χαρίσασθον καὶ ἐμοῦ ἕνεκα ἐπιδείξατον. Für παντὶ τρόπῳ (Menex. 236c ἀλλ' εἰπὲ παντὶ τρόπῳ) steht beim Imperativ auch πάσῃ τέχνῃ. Arist. Eccl. 366 Ἀντισθένη τις καλεσάτω πάσῃ τέχνῃ (Lys. 19, 53 πάσῃ τέχνῃ καὶ μηχανῇ ἐλεήσατε).

12 εἴπερ τις ἄλλος ἀνθρώπων. Mit und ohne καί erscheinen derartige Formeln. Phaedo 66a ἆρ' οὐχ οὗτός ἐστιν, εἴπερ τις καὶ ἄλλος, ὁ τευξόμενος τοῦ ὄντος; Kr. 69, 32, 14.

13 ὁ Πρωτεύς. Euthyd. 288b ἀλλὰ τὸν Πρωτέα μιμεῖσθον τὸν Αἰγύπτιον σοφιστὴν γοητεύοντε ἡμᾶς. ἡμεῖς οὖν τὸν Μενέλαον μιμώμεθα καὶ μὴ ἀφιώμεθα τοῖν ἀνδροῖν, ἕως ἂν ἡμῖν ἐκφανῆτον ἐφ' ᾧ αὐτὼ σπουδάζετον. Der Meergreis Proteus wird auf der Insel Pharos bei Ägypten von Menelaos ergriffen und, trotzdem er sich in alle möglichen Gestalten verwandelte (eine aus der Vielgestaltigkeit des Meeres abgeleitete Eigenschaft), zum Wahrsagen gezwungen (Od. 4, 351); „alle Meeresgötter pflegen nur gezwungen ihre Kenntnis von verborgenen und zukünftigen Dingen zu offenbaren." Preller Gr. Myth. I³ 501.

ΠΛΑΤΩΝΟΣ

ποτε ἐπεχείρησας ὑπὲρ ἀνδρὸς θητὸς ἄνδρα πρεσβύτην
πατέρα διωκάθειν φόνου, ἀλλὰ καὶ τοὺς θεοὺς ἂν ἔδεισας παρακινδυνεύειν, μὴ οὐκ ὀρθῶς αὐτὸ ποιήσοις, καὶ
τοὺς ἀνθρώπους ᾐσχύνθης. νῦν δὲ εὖ οἶδα ὅτι σαφῶς
E οἴει εἰδέναι τό τε ὅσιον καὶ μή· εἰπὲ οὖν, ὦ βέλτιστε 5
Εὐθύφρον, καὶ μὴ ἀποκρύψῃ ὅ τι αὐτὸ ἡγεῖ.
ΕΥΘ. Εἰσαῦθις τοίνυν, ὦ Σώκρατες· νῦν γὰρ σπεύδω
ποι, καί μοι ὥρα ἀπιέναι.
ΣΩ. Οἷα ποιεῖς, ὦ ἑταῖρε· ἀπ' ἐλπίδος με καταβαλὼν μεγάλης ἀπέρχει, ἣν εἶχον, ὡς παρὰ σοῦ μαθὼν τά 10

1 ἀνδρὸς—ἄνδρα. Über diese Hinzufügung von ἀνήρ zu Benennungen des Standes und Alters vgl. Kr. 57, 1, 1 Phaedo 87b ἀνθρώπου ὑφάντου πρεσβύτου.
2 διωκάθειν, vollere Form von διώκειν. Plato gebraucht dieselbe ohne Unterschied der Bedeutung noch Rp. II 375a διωκάθειν Gorg. 483a ἐδιώκαθες, wie neben εἴκειν die Form εἰκάθειν Apol. 32a ὑπεικάθοιμι Soph. 254d παρεικάθη, neben νέω die Form νήθω Politic. 289c. An aoristische Formen bei διωκάθειν und εἰκάθειν mit Elmsley zu Eur. Med. 186 und Cobet var. lect. 391 zu denken und demgemäss διωκαθεῖν und εἰκαθεῖν zu accentuieren, ist unrichtig. Curtius Verb. II 346.
3 παρακινδυνεύειν. Von ἔδεισας ἂν hängt einmal der Inf. ab, dann ein Satz mit μή. Theaet. 143e ἐφοβούμην ἂν σφόδρα λέγειν, μὴ δόξω. Eigentümlich ist, dass auch noch ein persönlicher Accusativ zu ἔδεισας tritt.
ποιήσοις. Der Optativ Fut. in Befürchtungssätzen mit μή ist sehr selten; in der griechischen Litteratur bis auf Aristoteles kommen noch folgende Beispiele vor: Xen. Mem. 1, 2, 7 εἴ τις — φοβοῖτο, μὴ ὁ γενόμενος καλὸς κἀγαθὸς τῷ τὰ μέγιστα εὐεργετήσαντι μὴ τὴν μεγίστην χάριν ἕξοι. Hell. 6, 4, 27 φοβούμενος, μή τινες πορεύσοιντο. (Nicht ganz hiehergehörig, weil nach Analogie einer andern Satzart konstruiert, ist Isocr. 17, 22 ὅπως μή mit Opt. Fut. nach ἐδεδοίκει.) Ebenso selten ist das Futur Indic. im Befürchtungssatz mit μή, nämlich Aeschyl. Pers. 117 Soph. Trach. 550 Xen. Cyr. 2, 3, 6. Vgl. Weber Absichtssätze in meinen Beiträgen Bd. II, 2 p. 94.
5 οἴει εἰδέναι ironisch wie oben 4e ἀκριβῶς οἴει ἐπίστασθαι.
εἰπὲ καὶ μὴ ἀποκρύψῃ. Sehr häufig wird bei Plato derselbe Gedanke positiv und negativ gegeben. Vgl. oben zu 4d. Crito 45a ἀλλ' ἐμοὶ πείθου καὶ μὴ ἄλλως ποίει. nov. comm. Plat. 25. Dem. 24, 200 φράσω καὶ οὐκ ἀποκρύψομαι.
8 ἀπιέναι. In den mit ὥρα gebildeten Wendungen fehlt der Artikel beim Infinitiv, wenn das was in einem einzelnen Fall zu thun an der Zeit ist (ὥρα fast = tempestivum), nicht das regelmässig Wiederkehrende bezeichnet werden soll wie Leg. VIII 844d πρὶν ἐλθεῖν τὴν ὥραν τὴν τοῦ τρυγᾶν.
9 οἷα ποιεῖς. Über diesen exklamativen Gebrauch von οἷος vgl. Kr. 51, 8, 1 Rp. V 450a οἷον ἐπεργάσασθε ἐπιλαβόμενοί μου Alcib. I 118b βαβαῖ ἆρα, ὦ Ἀλκιβιάδη, οἷον πάθος πέπονθας.
10 ὡς. An die Belehrung über die Frömmigkeit durch Euthyphro knüpft Sokrates eine doppelte Hoffnung 1) von sei-

τε ὅσια καὶ μὴ, καὶ τῆς πρὸς Μέλητον γραφῆς ἀπαλλάξομαι, ἐνδειξάμενος ἐκείνῳ ὅτι σοφὸς ἤδη παρ᾿ Εὐθύ- 16
φρονος τὰ θεῖα γέγονα καὶ ὅτι οὐκέτι ὑπ᾿ ἀγνοίας αὐτο-
σχεδιάζω οὐδὲ καινοτομῶ περὶ αὐτά, καὶ δὴ καὶ τὸν
5 ἄλλον βίον ἄμεινον βιωσοίμην.

nem Prozess mit Meletos loszukommen, 2) in Zukunft ein besseres Leben zu führen. Da gleich nach μαθὼν τά τε ὅσια καὶ μή, welche Worte die Voraussetzung für die Hoffnung des E. bilden, die Doppelgliederung durch καὶ eingeleitet wird, so wirkt das nach βίον handschriftlich überlieferte ὅτι störend, umsomehr, weil der abhängige Satz, zu dem das Glied gehört, mit ὡς eingeleitet ist, und weil durch einen unmittelbar vorausgehenden von ἐνδειξάμενος abhängigen Satz mit ὅτι die Gefahr einer unrichtigen Beziehung unsres zweiten Gliedes entsteht. Wir streichen daher ὅτι. Und dass wirklich in dieser Weise interpoliert worden ist, zeigen folgende Stellen: Soph. 232 c (25,27) ξύνισμεν ὡς αὐτοί τε ἀντειπεῖν δεινοὶ τούς τε ἄλλους ὅτι ποιοῦσιν ἅπερ αὐτοὶ δυνατούς, wo Cobet ὅτι streicht. Isae. 7, 4 ἀποδείξω δὲ ὡς οὐ μόνον ἐπὶ τοῖς ἐγγυτάτω γένους τὸν κλῆρον Ἀπολλόδωρος οὐ καταλέλοιπε, πολλὰ καὶ δεινὰ ὑπὸ τούτων ἀδικηθείς, ἀλλὰ καὶ ὡς ἐμὲ ἐποιήσατο δικαίως, wo Hertlein Herm. XIII 12 das zweite ὡς streicht und noch mehrere Beispiele der Verletzung der Koncinnität durch solchen Einschub anführt, wie Xen. Hell. 6,2,36 Cyr. 2,3,23 Anab. 5, 7, 32. Zu trennen sind die Beispiele, wo die Partikel, ohne dass ein neues Glied eingeleitet wird, nach längerem Zwischensatz wiederholt oder durch eine synonyme aufgenommen wird, z. B. Rp. V 470 d.

5 βιωσοίμην. Vorausging ἀπαλλάξομαι. Zu diesem keinen Unterschied des Sinnes begründenden Wechsel vgl. Thuk. 2, 80, 1 λέγοντες ὅτι — ῥαδίως ἂν Ἀκαρνανίαν σχόντες καὶ τῆς Ζακύνθου καὶ Κεφαλληνίας κρατήσουσι, καὶ ὁ περίπλους οὐκέτι ἔσοιτο Ἀθηναίοις ὁμοίως περὶ Πελοπόννησον (Tim. 18 d ἐτίθεμεν μηχανώμενοι, ὅπως μηδεὶς ποτε τὸ γεγενημένον αὐτῷ ἰδίᾳ γνώσοιτο, νομιοῦσι δὲ πάντες πάντας αὐτοὺς ὁμογενεῖς).